„Ich habe nur dreimal in meinem Leben geweint:
als man Jack Ruccini gehängt hat,
bei der Geburt meines Sohnes,
und als ich den Flügel eines getrüffelten Huhns
in den Ontario-See fallen ließ.“

Al Capone

Inhaltsverzeichnis

Inhaltsverzeichnis

DER KOCH, DER REGISSEUR UND DER PRODUZENT.

Vincent Klink, durch eiserne Disziplin relativ rechtschaffen, kämpft täglich gegen latenten Hang zur Kleinkriminalität. Das begann bereits im zarten Alter von acht Jahren, als er von den Eltern eine Maschinenpistole zu Weihnachten geschenkt bekam. Klein Vincent entschied sich trotz dieser Ausrüstung für Gewaltfreiheit im Sinne Meyer Lanskys. Also zuerst den Aperitif, dann denken und zuschlagen. So beschränkt sich Vincent, Held wabernden Küchendunstes, auf das schlichte Pfannenwerfen und kontrollierte Abfackeln (come calme) seiner Gegner mit heißem Olivenöl, „Extra Vergine" notabene.

Pepe Danquart war schon in jungen Jahren – durch die Verdoppelung seiner Kräfte qua Zwillingsbruder – unangefochten gefürchtet bei den Straßenbanden seiner Kindheit. In der Schule waren sie von Lehrern geächtet als „die Zwillinge", die im Sinne bürgerlicher Wertevorstellungen nicht zu bändigen waren. Mit Verwicklung in die Kultur- und Sozialkämpfe der 80er wurde während des Studiums das Image des Desperados weiter gehegt, Punk und Sozialrevolte ins Lebenszentrum gespült. Seitdem grenzwertig im legalen Leben, sucht er sein Seelenheil beim Filmen von erdachten oder gefundenen Lebenswirklichkeiten. Seit geraumer Zeit, mangels anderer Kämpfe – bei Küchenschlachten in badischen Gasthöfen, Abstürzen in Berliner Eckkneipen, er sucht aber auch Therapie an weißgedeckten Tischen mit Betreuung durch Sommeliers und Kellner im Frack.

Wie stellt man sich einen Filmproduzenten vor? Er könnte als sortenreines Exemplar gerne einer Planierraupe ähneln, mit einer Stimme wie ein Guggenmusikorchester. **Danny Krausz** ist verdammt anders. Er hat das Auftreten eines alternativen Philosophieprofessors, nur etwas geselliger, und wirkt darüber hinaus ziemlich junggesellig. Bei einem heiteren Beruferaten dauerte die Veranstaltung einige Stunden, weil seine typische Handbewegung dem Kämmen seiner schütteren Mofamatte galt. Tja, an Danny Krausz ist alles anders als der Klischeedenker ahnt. Auch wenn er aussieht wie ein Liedermacher mit eigener Dichterwerkstatt, er ist ganz und gar kein Rocker, dazu trägt er sowieso zu feinen Zwirn. Danny ist erwiesenermaßen erfolgreicher und sorgender Familienvater, hat viele Kinder, ist ein braver Bürger, kriegt überall Kredit und trägt solide die Verantwortung dafür, deshalb fährt er auch ein Sicherheitsmotorrad mit Antiblockiersystem. In der Tat wir erlebten ihn nie blockiert.

WIGLAF DROSTE

DIE WELT ALS BEUTE
ODER FEIND –
WARUM GANG-FOOD
SO VIEL BESSER SCHMECKT
ALS GEN-FOOD

Scharf konturiert stand er da, klein, hart und smart: James Cagney, die Knarre in der Schußhand, in der anderen ein Hühnerbeinchen. Biß ab und schoß, duff-duff-duff!, in den bemannten Kofferraum eines Wagens hinein. Damit hatte es sich: Das Problem war beseitigt, der Verräter hinüber und nur ein weiterer erledigter Fall. Cagney nagte nochmal am Hühnerknochen, dann fuhr er davon, neuen Schandtaten entgegen – genau wie es zu sein hat in der Gangsterwelt, die nur Beute kennt oder Feinde.

Killen und knabbern in einem Atemzug – ist das nicht unglaublich roh und brutal? Gewalttätig und dazu zynisch? Also quasi doppelt unmoralisch und geradezu obszön? Ich fand es cool. Ich war ein Junge auf der Schwelle zum Pubertäter. Der ohne Wissen der Eltern bei Omma geguckte Film mit Cagney war schwarzweiß und sehr aufregend, er hatte Flair, ihn umwehte der Reiz des Verbotenen und Verruchten. Diese klassischen Gangstertypen waren hart und klar, wer sich ihnen in den Weg stellte, hatte das selbstverständlich zu bereuen. Sie waren rauh, aber das war die Welt auch. Und dann war da dieser lässige Biß ins Hühnerbeinchen, der sagte: eat or be eaten, friß oder werde gefressen, etwas anderes gibt es nicht.

In Cagneys unschlagbar unverschämter Geste schwang die Lust an der eigenen Gefährlichkeit mit. Sich den Weg freischießen und dabei das gute Leben nicht aus den Augen verlieren, das war es doch. Zum Krimi hatte Omma mit mir von der Bude zwei halbe Hähnchen und zweimal Pommes frites mit Mayonnaise geholt, für mich damals ein grandioser Luxus – ich habe den Geruch noch in der Nase, wie die Grillhühnchen und die Pommes frites durch das warme rosa Packpapier dufteten. Auch wenn Omma, die keine Ma Dalton war, selbstverständlich bezahlte: Der schönste Zug im Leben ist der Beutezug.

Ich weiß nicht, ob alle Kinder Filmgangster lieben – viele tun es, und sie haben Grund dazu. Gangster haben viel Kindliches an sich, und sie erfüllen viele Kinderwünsche: Sie tun dauernd, was man nicht darf, und sie kommen damit durch. Sie sprengen die Konvention, verstoßen gegen die Regeln, sie sind maßlos, sie wollen alles, möglichst auf einmal. Sie sagen: Her mit den großen Scheinen, her mit den guten Sachen, her damit, und wenn einer etwas dagegen hat, kriegt er – dunk! – eins auf die Omme, und Schluß ist mit der säuerlichen pädagogischen Beschwerde, daß es so aber nicht geht.

Ihre Widersacher, die Polypen, die Polizisten, die Schupos, die Wachtmeister, die Mehlmützen und Bullen tragen schlecht sitzende Uniformen oder schäbige Anzüge, haben Gramfalten um den riechenden Mund, Haarausfall und eine meckernde Frau zu Hause und dürfen statt ins Hühnerbeinchen ins Gras beißen. Beziehungsweise allenfalls in ein unansehnliches Würstchen, also quasi in sich selbst. Da fällt die Wahl zwischen Gendarm und Räuber leicht.

Wie Kinder verkleiden sich Gangster gern, am liebsten als Gangster. Spätestens seit Francis Ford Coppolas Verfilmung von Mario Puzos „The Godfather“ wollen alle echten Gangster aussehen wie die Jungs im Film. Und tun es: Protzteuer gekleidet laufen sie durch die Welt, immer mindestens eine Nummer zu großspurig, um wirklich gut angezogen zu sein. Herausgeputzt wie die Christbäume versenken sie scharf gefaltete Geldscheine in die Brusttaschen von Kellnerjackets, ihre Finger tätscheln gönnerhaft die Wangen Untergebener. Mit ihren übertriebenen, öldick aufgetragenen Gesten der Freundschafts-, Ehr- und Respektsbezeugung sehen sie aus wie gangsterspielende Kinder auf einer Kostümfeier. Das komische Bild aber täuscht: Die Löcher, die Gangster in andere machen, sind echt. Es ist jammerschade: Vom richtigen Gangster schimmert, leiderleider, keinerlei romantische Utopie ab. Er ist ein Stinkemann, ein Fiesling, eine richtige Arschgeige, ein Totmacher und Folterer, bei dem sich alles um die gehirnfreien Fragen dreht, wo und wie der maximale Profit zu holen und wer der Chef ist – und wer handkehrum zu kuschen hat. Das stilisierte Ethos des Gangsters, wie man es aus den Filmen Jean-Pierre Melvilles kennt: Vergiß es. Unsere Koks-, Heroin-, Waffen- und Menschenhändler sind Unternehmer und haben so viel Ethos wie die mit ihnen zusammenarbeitenden Minister, Regierungschefs, Arbeitgeber- und Polizeipräsidenten. Da ist die Spezies unter sich.

Die vollendet humorfreie Innenwelt des Umbringens ist in Martin Scorseses „GoodFellas“ zu besichtigen: Wer sich gegen die selbstherrliche Aufgeblasenheit eines Gangsters mit auch nur mildem Spott zur Wehr setzt, kann sich gehackt legen. Der wird mit großkalibrigem Blei gefüllt, und der Mörder sieht nur enerviert nach, ob sein aufgedonnerter Paartausenddollaranzug eventuell einen Blutspritzer abgekriegt hat. Das fände er ekelhaft, da könnte er richtig sauer werden.

Scorseses Film, nach einer wahren Geschichte erzählt, zeigt allerdings auch die herzwärmende, attraktive Seite des Gangstertums. Selbst im Knast müssen die taffen Jungs nicht auf das leckere Leben verzichten: Säckeweise wird ihnen das beste Futter in ihre zu einer Privatpension umgerüsteten Zelle gekarrt. Es gibt riesige Krustentiere in Eiskisten, frische Pasta, guten Wein und gediegene Spirituosen. Ein dem Schiffschaukelbremser und Fußballmanager Rudi Assauer im Habitus nicht unähnlicher Gangster in dreiviertellangem Bademantel, Socken und Plastikschlappen brät, eine gewaltige Zigarre in der Klappe, teppichvorlegergroße Steaks und nuschelt einen seiner Kumpane an: „Wie möchtest du dein Steak?" – „Medium!", schallt es zurück. – „Aaah, medium", mümmelt der an der Zigarre nuckelnde und das Fleisch wendende Mann. „Ein Aristokrat."

Diese prolo???bollo???haften Wiseguys, durch die Bank verlogene, betrügerische Rattenpackler, diskutieren mit aufrichtigem Interesse im ebenso bequemen wie unwürdig aussehenden Freizeitdress die Fleischklopse in der Tomatensoße. „Nimm nicht zuviel Zwiebeln!", mahnt ernsten Gesichts der gut satt gefressene Boß, der mit einer Rasierklinge Knoblauch in so hauchdünne Scheiben schneidet, daß sie im heißen Öl zerschmelzen. „Drei kleine Zwiebeln!", verteidigt sich der Angeklagte, bekommt aber noch einmal zu hören: „Nicht zuviel Zwiebeln!"

O ja, o ja, o jammi, schön ist so ein Leben, jauchzt der Betrachter, dem der Magen zu knurren beginnt: So ist es richtig, das bringt es, das will ich auch: Gang-Food statt Gen-Food! Das macht viel mehr Freude als Oblatennuckeln, Maggi-Terrinen oder Hagebuttentee und Margarinegraubrot mit Velveta-Schmierkäse auf Klassenfahrt in die Jugendherberge, bei Presbytern, die ein schlechtes Leben als Indiz für Redlichkeit verkaufen, was immer sie sich von dieser Lüge auch versprechen. Nein, nein, nein! Solchen Trauerpampf wollen wir nie mehr verzehren – wir wollen tafeln!

„Reseda, bring Wein und Wurst, aber nicht von dem Zeug für Gäste!", ruft ein exilkorsischer Wirt in Asterix auf Korsika, auch er ein Mann mit Verbindungen zur Unterwelt. Genau. Nicht von dem Zeug für Gäste wollen wir futtern, sondern richtig. **Da haben die Gangster völlig recht: Ein Leben ohne Privilegien ist kein Leben.**

C(R)OOK

DER GÄNGSTERFILM

VOM KILLEN UND KNABBERN

Oskar Boroschnin, ein russischer Koch, den es nach Wien verschlagen hatte, rettete vor vielen Jahren durch Zufall das Leben des Paten der russischen Mafia in Wien.

Bezahlte Killer einer italienischen Gang, suchten ihren Weg durch die Küche des „Chez Paul's", dem Stammlokal der russischen Mafia, um ihre Rivalen zu erledigen. Dabei verwüsteten sie das sorgfältig gerichtete „mise en place" von Oskar, der mit der Zubereitung einer Flugente beschäftigt war. Das brachte ihn derart in Rage, daß er die vier Gängster mit bloßen Händen und seinem Küchenmesser erledigte, bevor sie ihren „hit" ausführen konnten. Seitdem war er gefürchtet und im Dienste der russischen Mafia als Geldeintreiber die Nummer eins. Sein Markenzeichen: Er schoß in die Füße seiner Gegner. Nie in ihr Herz. Über die Jahre avancierte er zum engen Vertrauten des Paten und wurde sein Freund.

Vor knapp einem Jahr wurde er von Novak Ditisch, Kriminalkommissar und verantwortlich für das organisierte Verbrechen in Wien, während einer gewalttätigen Erpressung gestellt. Es kam zu einer Schießerei, in der Oskar den Novak an den Beinen schwer verletzte. Oskar hatte keine Chance zur Flucht. Er wurde zu fünf Jahren Gefängnis verurteilt.

Im Knast verhielt er sich konform, ging sogar zur wöchentlichen Sitzung der Gefängnispsychologin Maria, die er mit seinem Charme bald für sich einnahm. Auch er entwickelte Gefühle zu dieser Frau, die er aber nicht zulassen wollte, noch konnte.

Dann kam der Tag seiner Flucht. Er nimmt den Schließer seines Traktes als Geisel, benuzt ihn als Schutzschild und sucht seinen Weg zum Lieferanteneingang im hinteren Teil des Knastes. Scharfschützen lassen ihn dabei keine Sekunde aus den Augen.

Das Eingangstor wird geöffnet, und Oskar wartet nur auf das versprochene Fluchtauto, als Maria, seine Psychologin, aus dem Gebäude tritt.

Maria kommt auf Oskar zu, mit festem Schritt, vielleicht eine Spur zu fest, um wirklich gelassen zu erscheinen.

Sie bleibt vor Oskar stehen.

Sie ist Mitte vierzig, eine attraktive, gepflegte Erscheinung.

Oskar starrt ihr für einen Moment ins Gesicht. Sie macht eine Verlegenheitsgeste, schaut auf ihre Uhr.

MARIA ICH MEINE EINE INTENSIVERE ART DER KOOPERATION.

OSKAR SEX?

MARIA   Wir haben jetzt Sprechstunde, Oskar.
OSKAR   Geht grad schlecht, Frau Doktor.
MARIA   Wir sollten über die Situation reden.
            Falls sie die Anwesenheit ihrer Geisel stört, könnten sie sie
            freilassen.
OSKAR   (lächelt freundlich)
            Falls mich die Anwesenheit meiner Geisel stört,
            werde ich sie erschießen.
MARIA   Sie haben gesagt, daß sie an ihrem Aggressionspotential arbeiten!
            Das hier wird mir sehr schaden.
OSKAR   Das tut mir leid.

            Ein Amischlitten ohne behördliches Kennzeichen fährt mit
            QUIETSCHENDEN REIFEN um die Ecke.
            Oskar nimmt es erleichtert wahr.

MARIA   Und warum geben sie mir kein Zeichen?
OSKAR   (abwesend)
            Ein Zeichen?
MARIA   Ein Zeichen der Kooperation!
OSKAR   Ich würde ihnen sehr gerne ein vorzügliches Abendessen zubereiten
            und mich mit ihnen bei Kerzenlicht und einem Glas Chateau Pichon
            Longueville – Jahrgang neunundachtzig – ausgiebig unterhalten.
MARIA   Ich meine eine intensivere Art der
            Kooperation.
OSKAR   Sex?
MARIA   Sie wissen schon, was ich meine.

            Der Amischlitten bremst sich auf der anderen Straßenseite ein,
            die hintere Tür wird aufgerissen.

OSKAR   Beim Sex würde mich die Anwesenheit der Geisel
            auch ganz schön stören.

            Der geknebelte Wärter gibt einen kurzen, ängstlichen Laut von sich.

REZEPTE
ZUM ANBAGGERN

Nehmen wir mal an, Sie sind verliebt und befinden sich mitten im Rodeo der Gefühle. Womöglich haben Sie dem Ziel Ihrer Sehnsüchte bereits unendliche Kreativität geopfert, alle Register gezogen und immer noch nicht das Liebste dorthin drücken können, was Trieb, Sehnsucht und was-weiß-ich-nicht-alles vehement forciert.

Sie sind eine Lichtgestalt, logo, aber durch die Ungerechtigkeit der Welt, durch sonstige fiese Umstände immer noch nicht ins rechte Licht gerückt. Sie haben Einrad-Fahrrad gelernt, Breakdance-Unterricht genommen, zum Softeiskaufen öfter schon einen Ferrari gemietet, die höchsten Berge gepackt und im Sportstudio geochst. Keine oder keiner sieht ihre Qualitäten, keiner sieht ihren Durst, aber alle merken, wenn sie besoffen sind oder sonst etwas schiefläuft. Quasi alles gepackt, nur nicht das, was wirklich ansteht.

Nehmen wir an, sie sind auf die verrückte Idee gekommen, sozusagen final, es mit der Demonstration von Kochtricks zu versuchen. Ich kann nur warnen. Es gibt schlaue Leute, die halten Verliebtsein für eine ausgemachte Krankheit. In jedem Fall sind es Umstände, die jegliches zwischenmenschliche Navigieren zum Flic-Flac zwischen Peinlichkeit und Untergang, aber auch die seltene Chance des Triumphes bieten. Dies noch zum Trost: Verliebtsein zählt nicht zu den chronischen Krankheiten.

Man sollte, wenn sich das waidwunde Ego ums Verrecken als Stunt fürs Pfannenschwingen in Szene setzen muß, nicht Paul Bocuse übertreffen wollen. Es gibt Gerichte, die lassen sich gut vorbereiten, so daß man nur noch cool die letzten Akzente setzt. Eben so, wie das ein wirklicher Meisterkoch auch macht. Schon gut, der hat seine Küchensklaven. In Personalunion müssen wir beides sein, Küchenjunge und Capo.

„Mise en place", Vorbereitung ist alles! Das Drehbuch des Underdogs kurbeln wir am Vortag ab. Die niederen Dienste müssen erledigt sein, bevor die Türklingel scheppert. Ist es soweit, dann ziehen wir cool unsere Show ab. Standing Ovations sollte man dann schon erwarten dürfen. Wenn es dann nicht klappt, das die Angebetete oder der Typ unserer Träume nicht zu höchster Begeisterung anspringen, dann, ja dann darf man getrost wütend werden. Es kann nur eine Mesalliance herauskommen, und man kann den Abbruch der kaum begonnenen Beziehung mit einer alten und erprobten Küchenüblichkeit starten: Treten Sie alles in den Arsch, was sich gerade anbietet, doch achten Sie auf durchtrainiertes oder zartes Fleisch, und brechen Sie sich nicht das Bein am Kühlschrank.

TOMATENCALZIONE

Zwiebel und Tomaten in haselnußgroße Stücke schneiden.

Zwiebel in etwas Olivenöl mit Knoblauch andünsten. Tomatenmark, Thymian und Tomaten dazu. Mit etwas Weißwein ablöschen.

Das Tomatengemüse wird mit möglichst wenig Öl gekocht. Zum Schluß wird noch einmal mit grobem schwarzem Pfeffer abgeschmeckt, Basilikumblätter untermischen und nach Belieben das restliche Öl unterrühren. Insgesamt sollte aber alles möglichst trocken und pastenartig sein.

<table>
<tr><td colspan="2">Für 2 Personen</td></tr>
<tr><td>5</td><td>Fleischtomaten</td></tr>
<tr><td>1</td><td>große Gemüsezwiebel</td></tr>
<tr><td>4 EL</td><td>Olivenöl</td></tr>
<tr><td>1 Bund</td><td>Basilikum</td></tr>
<tr><td>1 Zweig</td><td>Thymian</td></tr>
<tr><td>2</td><td>Knoblauchzehen</td></tr>
<tr><td>1 Päckchen</td><td>Blätterteig gefroren</td></tr>
</table>

Eine Apfelkuchenform mit Blätterteig auslegen. Mit Ei bestreichen und eine Hälfte davon mit Tomatengemüse bestreichen. Die andere Teighälfte darüberklappen. Mit Ei bepinseln und im Ofen bei 180° ca. 20 Minuten backen.

ARTISCHOCKE
MIT OLIVEN GEFÜLLT

Für 2 Personen

2	große Artischocken
2 EL	Tapenade (Olivenpüree)
I EL	Olivenöl
2 EL	Parmesansplitter

Die Spitzen werden mit einer Schere etwas abgeschnitten. Das muß nicht unbedingt sein, empfiehlt sich aber gerade dann, wenn die Enden schon etwas braun sind. Der Stiel rund um den Ansatz wird etwas eingeritzt und dann aus dem Boden herausgebrochen. Man kann es sofort sehen, mit dieser Methode werden die faserigen Fortsätze aus dem Artischockenboden gezogen.

Es gibt viele umständliche Anweisungen, wie die Früchte gebunden und mit Küchenfaden dressiert werden können. Überflüssig. Wichtig ist, daß während dieser Arbeit bereits das Wasser auf dem Herd kocht, denn Artischocken laufen an den Schnittstellen sofort häßlich braun an. In vielen Rezepturen wird empfohlen, sie mit Zitrone abzureiben und eine Zitrone in das Kochwasser zu geben, um das Oxydieren zu stoppen. Wenn man sich beeilt, ist das nicht nötig. Ich bin sogar sehr dafür, daß man nicht mit Zitronen hantiert. Zitronensaure Artischocken sind mittlerweile so sauer, daß die meisten Genießer denken, Artischocken schmecken gar nicht nach Artischocken, sondern seien Verwandte der Zitronen. Ohne die Zitronen bekommen die Früchte auch eine lebhaftere grüne Farbe.

Nächstes Problem: Artischocken wollen immer aus dem Wasser ragen. Den Topf nicht mit einem Deckel verschließen, sonst nehmen sie eine aschgraue Farbe an, deshalb einen kleineren Deckel auf die Artischocken legen, damit sie genügend eintauchen. Nach zwanzig Minuten kann man nachschauen und probehalber ein Blatt herausziehen. Gelingt es und das Blättchen folgt uns willig, so nehmen wir mit dem

Schaumlöffel die Früchte heraus, legen sie auf ein Tablett, geben ein feuchtes Tuch darüber und warten zwanzig Minuten, bis alles etwas ausgekühlt ist. Artischocken lassen sich gut vorbereiten, nur sollten sie nicht total auskühlen. Also möglichst nicht schon am Tag vorher zubereiten. Abgekühlt läßt sich der innere faserige Flaum, das Heu oder Stroh, das im Herzen der Früchte sitzt, sehr gut herauspulen.

Für unser Rezept entfernen wir aber Stroh und Blätter, so daß nur der Artischockenboden übrig bleibt. Das Fruchtfleisch der Blätter wird mit einem großen Löffel ausgekratzt und mit Tapenade vermischt, anschließend wird damit der Artischockenboden gefüllt. Alles mit Olivenöl abpinseln und im Ofen bei 200° aufheizen.

Mit Parmesansplittern bestreuen und anrichten.

GEKREUZIGTE WACHTELN MIT AGENPFLAUMEN UND MAURISCHEN GEWÜRZEN

Für 2 Personen

2	Wachteln
2	Agenpflaumen (ersatzweise Dörrpflaumen in Rotwein reduziert)
I	Schalotte feingehackt
I TL	gehackte Walnüsse
I MS	Kardamom
4	Zimtblüten
I MS	Piment
I MS	Nelke
I MS	Zimt

Pilze:

300 g	Waldpilze (oder eine Mischung aus Waldpilzen)
1/8 l	Sahne
I EL	Butter
I TL	Bio-Gemüsebrühe

Tomatencalzione

5	Fleischtomaten
I	große Gemüsezwiebel
4 EL	Olivenöl
I Bund	Basilikum
I Zweig	Thymian
2	Knoblauchzehen
I Päckchen	Blätterteig gefroren

Wachteln waschen, trockentupfen. Das Brustfleisch, links und rechts des Brustbeins bis zum Rücken ablösen. Die noch am Rückgrat hängenden Knöchlein werden mit einer Schere abgeschnitten, so daß nur noch der Mittelgrad des Rückens übrig bleibt. Von den Knöchlein werden mit feingehackten Kalbsbrustknochen und Röstgemüse eine Jus gezogen. Diese Jus wird mit Zimtblüte parfümiert.

So können die Wachteln aufgeklappt werden, als wären sie gekreuzigt. Vom äußeren Flügel sticht man einen Schaschlikspieß durch Unter- und Oberflügel. So erreicht man, daß die Flügel ausgestreckt bleiben und man den Eindruck gewinnt, die Vögel würden die Arme ausbreiten bzw. gekreuzigt sein.

Die Dörrpflaumen entkernen, würfeln und mit den Walnüssen gut vermengen und in Butter anschwenken.

Die Wachteln von beiden Seiten goldbraun braten und in den Ofen geben (180°, 5 Minuten).

Die Wachtel in der Mitte des Tellers in einen Ring von Kartoffelpüree setzen. Um diesen Rand die Waldpilze anrichten.

Waldpilze mit einer gehackten Schalotte in Butter anbraten, mit Petersilie mischen und mit Pfeffer und Salz würzen.

Zwiebel und Tomaten in haselnußgroße Stücke schneiden. Zwiebel in etwas Olivenöl mit Knoblauch andünsten. Tomatenmark, Thymian und Tomaten dazu. Mit etwas Weißwein ablöschen.

Das Tomatengemüse wird mit möglichst wenig Öl gekocht. Zum Schluß wird noch einmal mit grobem schwarzem Pfeffer abgeschmeckt, Basilikumblätter untermischen und nach Belieben das restliche Öl unterrühren. Insgesamt sollte alles möglichst trocken und pastenartig sein.

Eine Apfelkuchenform mit Blätterteig auslegen. Mit Ei bestreichen und eine Hälfte davon mit Tomatengemüse bestreichen. Die andere Teighälfte darüberklappen. Mit Ei bepinseln und im Ofen bei 180° ca. 20 Minuten backen.

VITELLO TONNATO

Für 2 Personen

200 g   Kalbsfricandeau
         (Schnitzelfleisch von der
         Keule)

Sauce:

1   kleine Dose Thun in Öl
2   Eigelbe
1/8 l   Weißwein
         Öl
4   Kapern
1   Sardelle
1 TL   Balsamico-Essig

         Salz
         Pfeffer

Alle Zutaten mixen und
in die unten zu bereitende
Mayonnaise einarbeiten.

Mayonnaise:

2   Eigelbe oder ein ganzes Ei,
         evtl. 1 TL Bierhefe
2 TL   Meerrettichsenf
1/2 l   Öl
1/8 l   Weißwein
1 EL   Essig

         Salz
         Pfeffer

Zubereitung Kalb:

Kräftig pfeffern und salzen, von allen Seiten gut anbraten und im Ofen bei 180 Grad braten. Für die Garzeit von rosa gebratenen Fleischstücken gibt es eine simple Hilfe der Berechnung: Pro Zentimeter rechnen wir 5 Minuten. Ist der Fleischbrocken 4 Zentimeter dick, so garen wir im Ofen 20 Minuten.

Ist das Fleisch fertig, so ist es innen im Kern noch etwas roh und an den äußeren Schichten durchgebraten und trocken. Es muß also ein Austausch des Safts von innen nach außen stattfinden. Das geschieht, indem wir das Fleisch sofort, nachdem es den Ofen verlassen hat, mit Aluminiumfolie einwickeln. Das Aluminium bewirkt, daß sich das Fleisch nur zögernd abkühlt und sich so die Säfte austauschen können.

Lauwarm oder kalt schneidet man das Kalbfleisch in möglichst dünne Scheiben, richtet sie auf einer Platte fächerförmig an und träufelt die Sauce darüber.

Je nach Vorliebe und Geschmacksrichtung kann man Sonnenblumen- Oliven-, Distelöl (relativ geschmacksneutral), Traubenkernöl usf. verwenden.

Das Ei in eine möglichst kleine Schüssel geben. Weißwein, den Senf und den Essig dazugeben und gut durchrühren.

Unter stetem Rühren das Öl hineinlaufen lassen. Anfangs ist das eine ziemlich wässrige Angelegenheit, dann dickt sich das Ganze langsam an, und man kann das Öl ziemlich unbekümmert hineinlaufen lassen, bis die gewünschte Dicke erreicht ist.

TRAMEZZINI

Das sind Toastbrote, drei bis vierfach übereinander gestapelt und köstlich gefüllt. Viele Variationen sind möglich, hier zwei Beispiele:

1. Creme Fraîche und gehackte Seewassergarnelen
2. Kapernmayonnaise und kaltes Kalbfleisch

Variation Garnelen:

Die Garnelen mit Kopf pfeffern, salzen und in Olivenöl rundum braun braten. Die insgesamte Garzeit beträgt 8 Minuten.

Die Garnelen aus der Pfanne nehmen, die Schwänze auspuhlen und kleinhacken. Mit feingehackter Zwiebel zurück in die Pfanne und das Innere der Köpfe ausdrücken und zum Garnelenfleisch geben. Auf kleinem Feuer so lange rösten und rühren, bis alle Flüssigkeit eingekocht ist. Das eingekochte Garnelenfleisch auf einen Teller geben und auskühlen lassen. Eventuell kurz in den Froster geben. Das Garnelenfleisch mit der Creme Fraîche und dem Schnittlauch vermischen. Würzen mit Salz und Pfeffer. Die Brote damit dick bestreichen, Salatblatt drauf und mit einer zweiten Brotscheibe abdecken.

Das Kalbfleisch in dünne Scheiben, dann in Streifen und diese dann in Würfelchen schneiden. In sehr heißem Olivenöl rundum anbraten.

Eine einfachere Version wäre, das Kalbsfilet in dünne Scheiben schneiden, klopfen, kurz pfeffern, salzen und scharf anbraten. Auskühlen lassen.

Die Brotscheiben kräftig mit Mayonnaise bestreichen, mit den Fleischscheiben oder -würfeln belegen und dann ein Salatblatt oben drauf und mit einer Brotscheibe abdecken.

Ganz wichtig ist die Form, mit der sich Tramezzini präsentieren. Die Brote werden exakt viereckig von der Rinde befreit und dann diagonal durchgeschnitten. Dazu benötigt man ein sehr scharfes Messer, denn die Brote sollten nicht zusammengedrückt werden, auch keine bucklige Form oder ähnliche Verbiegungen haben. Fast alle Tramezzini – Vitello Tonnato-Variationen, die beispielsweise in Venedig als Kult gepflegt werden, basieren auf Mayonnaise. Es gibt unzählige Interpretationen: mit dünnen Gurkenscheiben, Eiern, Lachs, Sardinen, Schinken, Mortadella.

AUSGEKOCHT MIT KNARRE

Zwei Jahre sind vergangen. Wir befinden uns in Oskars Küche, die er mit Maria zusammen bewohnt. Sie wollen weg. Das sagen uns die Umzugskartons.

Doch gerade jetzt bereitet Oskar ein Frühstück vor. Maria putzt sich noch im Bad verschlafen die Zähne, als sie plötzlich eine benutzte Waffe im Wäschebeutel von Oskar entdeckt. Sie ist entsetzt...

...während sich Oskar gleichzeitig in der Küche seinem Omelette widmet.

Schneidebrett, das Messer zerhackt die Schalotten mit hoher Präzision und Geschwindigkeit.

Oskar steht in einer Edelstahlküche und bereitet ein opulentes Frühstücksomelette vor. Er trägt nichts außer einer blütenweißen Schürze, die locker über seinem nackten Hintern zusammengebunden ist. Über seinen gesamten Rücken ist ein japanischer Fisch eintätowiert, der von einer breiten Narbe durchkreuzt wird. Auf der Arbeitsplatte vor Oskar befindet sich alles, was in einer exquisiten Küche gebraucht wird: exotische Gewürze, Rührlöffel aus Teakeiche, Hackbretter und Schälchen mit delikaten Zutaten. Geschnittene Paprika, Obststückchen, Kapern, Amur-Zwiebeln – alles frisch und von fast aggressiver

Farbigkeit. An der Wand hängen eingerahmte Fotos, die Oskar mit Kochmütze zeigen. Daneben Diplome und Prädikate wie „Maître de cuisine" oder „Maestro della cucina". Oskar greift sich ein Hühnerei. Dann ritzt er es sanft und mit rascher Eleganz an. Sein Messer fährt knirschend eine Pirouette ums Ei. Er klappt die Schale sauber auf wie eine alte Taschenuhr, und schüttet den Inhalt des Eis in die Pfanne.

Er hört, wie Maria sich von hinten nähert.

Ein glückliches Lächeln umspielt Oskars Lippen.

Die Stimme ist scharf. Oskar runzelt die Stirn und dreht sich herum. Maria steht im Türrahmen wie eine kampfbereite Amazone. Um Kleinigkeiten wie ihren halboffenen Bademantel kümmert sie sich nicht. Die Zahnbürste steckt immer noch in ihrem empörten Mund, aus dem weißer Zahnpastaschaum quillt. In der Hand hält sie die Pistole, etwa so, wie man eine tote Ratte hält.

MARIA DU HAST JEMANDEM IN DEN FUSS GESCHOSSEN?!
OSKAR EIN BISSCHEN.

MARIA   Wasch scholl dasch?
OSKAR   (betont unverfänglich)
            Ach, da ist sie ja!
MARIA   Hascht Du schie benutscht?
OSKAR   Wie bitte?

            Maria tritt zur Spüle, spuckt die Zahnpasta
            ins Becken, ohne darauf zu achten, daß dort in einem Sieb
            Meeresfrüchte abtropfen.

OSKAR   Maria! Die Krabben!

            Sie wischt sich den Mund ab, hebt den Kopf, riecht an der Waffe.

OSKAR   Würdest du die Tierchen dann bitte wieder abspülen.
MARIA   Du hast sie benutzt!

            Zur Kontrolle leckt sie mit der Zunge an der Mündung.

MARIA   Vor kurzem.

            Oskar verzieht angewidert das Gesicht.

OSKAR   Mach doch nicht sowas! Das ist ja furchtbar. Du zerstörst deine
            ganzen Geschmacksnerven.

            Sie wirft die Waffe wütend in die Krabben.

MARIA   Du hast versprochen, du machst Schluß damit!

            Oskar fischt nachdenklich die Waffe aus der Spüle, schnippt
            ein paar Krabben vom Griff.

OSKAR   (leise) Ich mach ja auch Schluß!

            Er trocknet den Stahl an seiner weißen Schürze ab.

MARIA   Und wozu brauchst du dann das Ding?
            Hast du auf jemanden geschossen?
OSKAR   Nein.
MARIA   Wirklich nicht?
OSKAR   Nein. Natürlich nicht.

            Sie schaut ihm in die Augen.

FRÜHSTÜCKSREZEPTE

Frühstück, als opulentes Ereignis, gibt es genau dort nicht, wo die Gourmandise zu Hause ist. In Frankreich und Italien, auch in Spanien, ja selbst im Süden Deutschlands hat gutes Frühstück keine Tradition. Das darf man den englischsprachigen Ländern und Skandinaviern, ja insgesamt dem Protestanismus gönnen. Da gibt es tolles Frühstück und dann nur noch Klappbrote, wie wir aus den Krimis von Mankell wissen.

Frühstücken? Exquisit sich den Magen zu füllen, ohne vorher gearbeitet zu haben? In knoblauchgeschwängerten Ländern, an mediterranen Fleischtöpfen, unmöglich. Auch hat das Abendessen in diesen Ländern einen solchen Stellenwert, daß der Magen früh morgens noch nicht größerer Atzung aufnahmefähig wäre.

Es gibt Déjeuners, Soupées, Diners und jede Menge Trippa, Minestrone, Mangiare eben und nicht Food oder dolles Frühstück. Was liegt näher als die Länder zu meiden, in denen gut gefrühstückt wird. Wozu brauche ich ein Frühstück, wenn mir vom abendlichen Boeuf Bourgignon, von Meersfrüchten und olivenölschwangerer Pasta und Vino der Ranzen spannt.

Es gibt Ausnahmen. Liebende haben zuerst mal keine Zeit, um groß zu essen, und abends, in Sichtweite der Bettstatt schon gar nicht. Liebesglück verschiebt gewohnte Zeitraster, alles gerät herrlich aus den Fugen, die Nacht wird zum Tag. Es soll Liebespaare geben, die sich nur von Frühstück ernähren. So kann sich das Frühstück zum formidablen Spätstück auswachsen.

GEBRATENER ZIEGENKÄSE

Für 2 Personen

100 g	fester Ziegenfrischkäse, ideal wären Scheiben von einer unterarmdicken Ziegenrolle.
1 EL	Mehl
1	Ei
5 EL	frische Weißbrotbrösel reichlich Olivenöl

Den Ziegenkäse zu einer Rolle mit 3 cm Durchmesser formen, dann in 3 cm starke Scheiben schneiden. Die Scheiben wie ein Schnitzel vorsichtig in Mehl wenden, durchs verquirlte Ei ziehen und mit den Brotbröseln panieren. In einer Pfanne mit Olivenöl die Käsescheiben von beiden Seiten goldbraun braten. Die Hitze sollte nicht zu stark sein, denn die Brotbrösel bräunen schnell. Andererseits muß der Röstvorgang schnell genug erfolgen, denn der Käse darf innen nicht zu heiß, sondern allenfalls lauwarm sein.

Zu den Brotbröseln gibt es noch einiges zu sagen. Wir kennen alle den pulvertrockenen Sand, der als Semmelbrösel zwischen den Zähnen knirscht.

Weg damit.

Egal, ob wir ein Schnitzel tapezieren oder Käse einhüllen. Ein frisch geriebenes Brötchen knuspert völlig anders, nämlich außen rösch und innen weich. So sollte sich auch ein guter Toast anbieten, nämlich nicht wie ein Keks, der krachtrocken im Mund staubt. Also gut, ein frisches Brötchen. Das reibt man auf einer Gurkenraffel oder noch besser, man hackt es in einer Moulinette, einem kleinen Kutter, den man ansonsten fürs Kräuterhacken verwendet.

Wenn wir schon beim Panieren sind, dann könnte man das Raffinement auf die Spitze treiben und Toastbrot in kleine, erbsengroße Würfelchen schneiden. Nachdem der Käse erst durchs Mehl, dann durchs Ei gezogen wurde, gibt man ihn auf die kleinen Brotwürfelchen und drückt sie fest an. Das Resultat knuspert äußerst knusprig, um nicht zu sagen, es ist der reine Knusperwahnsinn. Übrigens, alles nach dem Rösten mit Meersalz bestreuen und groben schwarzen Pfeffer dran.

BEEFSTEAK TATAR

Für 2 Personen

400 g	Rinderfilet oder magerer Rinderrücken
1	Sardelle, feingehackt
1	Schalotte, feingehackt
1 TL	scharfer Senf
1 TL	Kapern, feingehackt
4	Eigelb
150 ml	Weißwein
1 TL	kalte Butter
	Salz
	Pfeffer
	Butter zum Anbraten

Klassisch wird das Fleisch für Tatar nicht durch den Fleischwolf gedreht, sondern mit großen Hackmessern gehackt. Der Koch hält in jeder Hand ein großes Messer und drischt abwechselnd auf das Fleisch ein. Diese Methode verwende ich heute noch in meinem Restaurant, da das Fleisch dabei locker bleibt. Das Tatar wird roh gegessen oder angebraten, traditionell aber nie ganz durchgegart. Entscheidend ist nicht vakuumiertes Fleisch, sondern schönes, frisch und rotscheinendes Fleisch einzukaufen. Im Supermarkt gibt es klasse und vielerlei Waschpulver, alles ganz billig, und das ist gut so. Beim Fleisch herrschen aber andere Kriterien. Derjenige, der es verkauft, sollte auch wissen, woher das Tier stammt.

Nun gut, das Rinderfilet durch den Fleischwolf drehen oder klassisch ganz fein hacken. In eine Schüssel geben und Sardelle, Schalotte, Senf, Kapern und Eigelb rasch und locker untermischen. Keinesfalls die Masse intensiv kneten, sie würde sich zu gummiartiger Konsistenz verdichten.

Das Fleisch mit Salz und Pfeffer abschmecken und mit geröstetem Brot gleich so wegfuttern. Wer es nicht so roh mag, der forme kleine Beefsteaks, um diese in einer Pfanne mit Butter von beiden Seiten kurz anzubraten. Der entstandene Bratensatz könnte mit etwas Weißwein abgelöscht werden. In dem kurzen Fond einige Butterflöckchen zerkochen, sie werden für eine gewisse Sämigkeit sorgen.

Merke, binde ich einen Fond mit Butter, so müssen Butterfett und Flüssigkeit emulgieren. Dazu braucht es heftige Bewegung. Auf großem Feuer den Fond heftig sprudeln lassen, oder aber unter wildem Rühren die Butterflocken unterarbeiten. Kommt beides zusammen, dann geht es schneller. Die Sauce so lange kochen, bis sie die gewünschte Konsistenz hat. Übertreibt man, wird also zuviel Flüssigkeit verdunstet, so steigt der Fettanteil, die Sauce wird immer dicker, um schließlich zu gerinnen, wenn es nichts mehr zu emulgieren gibt, also alle Flüssigkeit verdampft ist. So weit lassen wir es nicht kommen. Passiert es trotzdem, dann muß wieder Flüssigkeit zugegeben werden. Mit ein bis zwei Butterflocken holt man die geronnene Sauce wieder ins Elysium der Kochkunst zurück.

Letzterer kleiner Ausflug in die Saucenherstellung gilt grundsätzlich, egal welchen Fond, welche Jus man gerade in der Mache hat.

KÄSETÖRTCHEN

Für 4 Personen

150 g	Mehl
150 g	Schichtkäse
150 g	Butter
1	kleine Zwiebel
200 g	Greyerzerkäse
4	Eier
1/4 l	Milch
1 Msp	Muskat
1 TL	Kümmel

Salz
Pfeffer
Butter
Alufolie
Linsen zum Blindbacken

Mehl, Schichtkäse, Butter und eine Prise Salz auf ein Backbrett geben, mit einem großen Messer vermischen und durchhacken. Erst möglichst spät mit den Händen zu einem glatten Teig kneten. Bei langem Kneten würde die Wärme der Hände den Teig weich und fettig werden lassen. Wir kennen den Begriff der verbrannten Erde. Es gibt aber auch den verbrannten Teig. Geronnen und fettig ist er das berühmte Waterloo vieler Jungteigler.

Die Teigkugel in Folie wickeln und eine Stunde kaltstellen. Dann auf einer bemehlten Arbeitsfläche den Teig einen Zentimeter dick ausrollen, halbieren und übereinander legen. Den Teig nochmal ausrollen, mit Mehl bestäuben, damit nichts klebt. Wieder übereinander falten und anschließend ungefähr zwei Millimeter dick ausrollen.

6 kleine Tartelettes (Törtchenformen) ausbuttern und dünn mit dem Teig auslegen. Alufolie darüber legen, mit Linsen füllen und im Backofen bei 180 Grad (Ober-Unterhitze) ca. 15 Minuten blind backen. Blind bedeutet, daß wir quasi eine Hohlform ohne Inhalt backen, um anschließend erst die Füllung hineinzugeben.

Anschließend die Linsen mit Hilfe der Folie ausschütten und für späteres Blindbacken in einer Blechdose lagern. Das wären die ersten Schritte zu einer großen Karriere als Blindbäcker.

Noch ist es nicht so weit. Die Zwiebel fein würfeln und in Butter goldbraun anschwitzen.

Den Käse würfeln, Eier mit der Milch verquirlen. Schalotten, Käse, Muskat, Kümmel und Pfeffer untermischen. Die Masse in die vorgebackenen Törtchenformen füllen und ca. 20 Minuten bei 180 Grad goldbraun backen.

Kritische Geister könnten anmerken, wozu das Blindbacken gut sein soll. Geht man doch ohnehin häufig blind durch den Tag, dann könnte man doch wenigstens dem Sichtbacken huldigen?

Die Antwort lautet befehlsschwanger: Der Teig hat eine viel längere Backzeit, während die Ei-Käsemasse eigentlich nur stocken sollte.

LACHSTATAR MIT WEINSCHAUMSAUCE

Für 2 Personen

200 g	rohes Lachsfilet
I TL	feine Schalottenwürfelchen
1/2 Bund	Dill, feingehackt
I EL	Olivenöl
I Prise	abgeriebene Zitronenschale
	Salz
	grober schwarzer Pfeffer

Weinschaumsauce:

20 g	Butter
I	Schalotte, feingeschnitten
I TL	weißer Aceto Balsamico, auch stinknormaler Apfelessig eignet sich
80 ml	Weißwein
2	Eigelb
1/2 Bund	Dill, feingehackt
	Salz
	Pfeffer

Lachsfilet zuerst in dünne Scheiben, dann in feine Würfelchen schneiden. Schalotte, Dill, Olivenöl, Zitronenschale, Salz und Pfeffer dazugeben und alles vorsichtig vermengen. Es soll kein Matsch entstehen. Würden wir zu intensiv kneten, so bekämen wir eine Farce, ein gummiartig gebundenes Brät. Das im Fischfleisch enthaltene Eiweiß würde aufgeschlossen werden und für feste Bindung sorgen, ganz so, wie man sie sich bei Würsten wünscht. Dieses Phänomen ist nicht nur bei eiweißreichem und fettem Fisch, sondern auch bei Fleisch zu beobachten.

Wird das Lachstatar vor dem Verzehr noch kurz kühlgestellt, muß man es unbedingt nochmal mit Salz nachschmecken.

Für die Sauce wird die Butter in einen Topf gegeben und gebräunt. Schalottenwürfel mit Aceto Balsamico und Weißwein dazu und kurz aufkochen. Leicht abkühlen lassen und die Eigelbe einschlagen, den Topf wieder auf den Herd ziehen und so lange unter ständigem Rühren schlagen, bis die Sauce sich andickt. Sofort den Topf vom Herd ziehen und die flüssige Butter nach und nach hineinrühren. Mit Salz und Pfeffer würzen und den Dill untermischen.

Es empfielt sich bei dieser Sauce, eine Schüssel bereitzustellen. Normalerweise schlägt man solche Mixturen im Wasserbad. Weniger umständlich kommt man mit einer Sauteuse auf direktem Feuer zu Potte. Wird die Sauce dick, was durchs stockende Ei bewerkstelligt wird, dann könnte bei zuviel Hitze ein grießiges Rührei das Resultat sein.

Also schnell runter vom Herd. Heizt der Topfboden zu stark nach, so gießen wir unseren Schaum schnell in die bereitstehende Schüssel. Nun können wir gemütlich unsere braune Butter unterrühren.

FORELLENSÜLZE

Für 2 Personen

500 g	Fischgräten
1 Bund	Suppengemüse, gewürfelt
1/2 l	Weißwein
1/2 l	Wasser
1	Lorbeerblatt
1/2 Bund	Blattpetersilie
5	Pfefferkörner
1 Bund	Kerbel
6 Blatt	Gelatine
1 EL	Schnittlauch, feingeschnitten
4	Forellenfilets
1 EL	Zitronensaft
4	große Fenchelblätter, blanchiert

Salz
Pfeffer
Butter
Olivenöl

Die Fischgräten waschen. Reste von Innereien und auch die Kiemen entfernen und gut auswaschen. Die Gräten in einem großen Topf mit Butter rundum anschwitzen, Suppengemüse zugeben und mitdünsten.

Mit Wein ablöschen, kurz etwas einkochen lassen und mit Wasser auffüllen. Lorbeerblatt, Blattpetersilie und Pfefferkörner zugeben.

Im offenen Topf den Fond 20 Minuten kochen. Den oben tanzenden Schaum abschöpfen. Diesen Sud durch ein Sieb passieren und um die Hälfte reduzieren. Mit Pfeffer und Salz abschmecken. Den Kerbel gut untermixen, nochmal etwas einkochen und passieren. Gelatine 5 Minuten in kaltem Wasser einweichen, ausdrücken und im warmen, aber nicht mehr kochenden Fond auflösen. Schnittlauch untermischen und alles so lange abkühlen, bis es zähflüssig wird.

Die Forellenfilets in zentimetergroße Würfel schneiden, mit Salz und Pfeffer würzen und in einer Pfanne mit Olivenöl bei geringer Hitze unter ständigem Rühren halb durchgaren. Abkühlen lassen, Zitronensaft darüber träufeln und unter das leicht angezogene grüne Gelee mischen.

Die Masse in die vorbereiteten Fenchelblätter füllen und mindestens 3 Stunden im Kühlschrank fest werden lassen.

Die tassenartigen Fenchelblätter eignen sich gut für eine dekorative Anrichteweise. Wer einen rustikaleren Auftritt vorzieht, könnte alles auch zur Tellersülze ummodeln. Die Fischfilets könnten ganz bleiben und quer durch den Teller gelegt werden. Wie man diese Teller dann garniert, diesbezüglich ist alles erlaubt, solange es eßbar bleibt. Auf die Tellersülze könnte man mit Tomatenschnitzen eine Blume drapieren, blanchierter Lauch könnte für die Blumenblätter herhalten. Man achte darauf, daß im Eifer des Kreativschubs alles mit dem Gericht geschmacklich harmoniert, also bitte keine Erdbeeren oder Schokoladenstreusel.

LIMONENLACHS MIT STERNANIS

Das Lachsfilet in 3 cm große Würfel schneiden und kräftig salzen und pfeffern. Sternanis, abgeriebene Limonenschale und Zucker im Mörser fein zerreiben. Diese Gewürzmischung mit Olivenöl, Limonensaft, Blattspinat und Basilikum in einen Mixer geben und pürieren.

Die Paste unter die Lachswürfel mischen, mit Klarsichtfolie abdecken und über Nacht im Kühlschrank marinieren.

Übrigens, es ist wie bei den Menschen, nicht jeder Lachs ist ein guter Lachs. Die Fische mit dem rosa Innenleben kommen ausschließlich gezüchtet auf den Markt. Das Wörtchen „Wildlachs" ist eine Unverschämtheit. Klar gibt es wilde Lachse, sie werden aber fast ausschließlich vor Ort filiert und als edle Räucherware aufbereitet.

Unsere Lachse sind also gezüchtet und es fragt sich, wie. Hat man ein Lachsfilet vor sich, so erkennt man in der Bauchregion hellweise Fettstreifen. Im Idealfall sind diese einen Millimeter dick, je breiter, umso schneller wurde das Tier hochgemästet, oft in gemeinster Weise, durch Überbesatz. Es werden viele Fische eng zusammengepfercht, sie können sich kaum bewegen, werden schnell dick und kommen so auf schnelles Verkaufsgewicht.

Es helfen alle Gütesigel und Qualitätstitularien nichts, wenn selbst an der dicksten Stelle, in der Mitte des Filets, die Fettstreifen dick wie Trinkhalme sind. Das Fett

Für 4 Personen

400 g	Lachsfilet
2	Sternanis
1	Limone, unbehandelt (Schale und Saft)
1/2 EL	Zucker
1/4 l	Olivenöl
1 Hand	frischer Blattspinat
1/2 Bund	Basilikum

Meersalz
grober Pfeffer
Klarsichtfolie

schmeckt tranig, und dieser muffige Geschmack entspricht nicht den Höhen der Gourmandise. Können wir an der dicken Längsnaht des Filets womöglich gar keine Fettstreifen erkennen, dann haben wir gute Ware vor uns, egal woher der Fisch stammt, aus Norwegen, Schottland oder Irland.

OMELETTE MIT FRISCHKÄSE UND KRÄUTERN GEFÜLLT

Für 2 Personen

6	Eier
50 ml	Sahne
150 g	körniger Frischkäse
2	Eigelb
2 EL	frisch geriebenes Weißbrot
1/2 Bund	Schnittlauch
1/2 Bund	Petersilie
1/2 Bund	Kerbel
1/2 Bund	Estragon

Salz
Pfeffer
Butter

Die Eier in eine Schüssel schlagen, Sahne zugeben, pfeffern, salzen und verquirlen. In einer weiteren Schüssel körnigen Frischkäse mit Eigelb und den frischen Brotbröseln mischen. Die verschiedenen Kräuter feinschneiden und unter den Käse mischen. Die Masse mit Salz und Pfeffer würzen.

Die Eimasse in eine Pfanne mit Butter geben und bei geringer Hitze ca. 3 Minuten langsam garen. Am Anfang kann etwas gerührt werden. Dann die Kräutermischung in die Mitte geben und das Omelette zusammenschlagen. Dabei die Pfanne vom Herd nehmen und schütteln.

Die Hand, die den Pfannenstiel hält, sollte etwas tiefer sein als der gegenüber liegende Pfannenrand. So rollt sich durch das Schütteln der äußere Rand des Omeletts zusammen. Das Omelett wird dabei immer walzenförmiger, je näher es zum Pfannenstiel rollt.

Im 150 Grad heißen Ofen (Ober-Unterhitze) das Omelette noch ca. 5 Minuten ziehen lassen.

Verbranntes Ei schmeckt grauenhaft, also Vorsicht mit großer Hitze. Für perfekte Omelettes gibt es professionelle Regeln, die an dieser Stelle nur angedeutet werden. Man könnte seitenweise darüber diskutieren. Selbst bei Profiköchen sind Omelettes gefürchtet. Sie sollen nur ganz leicht gebräunt sein und dürfen keine Falten haben. Innen sollten sie nicht stocken, aber fast noch flüssig sein. Wären sie wirklich flüssig, so wäre das eine Katastrophe. Die innere Struktur will sich schaumig und doch fest beim Durchschneiden präsentieren.

Also sorgen Sie sich nicht. All diese Vorgaben lassen sich nur mit großer Übung beherrschen. Köche vergangener Zeiten hatten sie. Die Eier waren noch Köstlichkeiten, und es gab noch keine Legebatterien. Umso höher stand das Ei in der Gunst der Genießer. In Kochkunstlexika des beginnenden 20. Jahrhunderts waren den Eierspeisen immer extra Kapitel zugewiesen, die Kreationen gingen in die Hunderte.

Besorgen wir uns also gute Bio-Eier und achten darauf, diese in der Pfanne nicht zu verkohlen. So wäre schon viel gewonnen, wenn auch nicht Perfektion. Der erste Schritt dazu ist Übung.

GEFÜLLTE KARTOFFELPUFFER MIT SCHAFSKÄSE

Für 2 Personen

300 g	Kartoffeln, geschält
1 Bund	Schnittlauch, feingeschnitten
1	Ei
1 TL	Kartoffelstärke
150 g	Feta (Schafskäse), gewürfelt
1	Endiviensalat
4 EL	Sonnenblumenöl
2 EL	Essig
1 TL	Senf
1 Prise	Zucker

Salz
Pfeffer,
billiges Olivenöl

Geschälte Kartoffeln fein reiben, in ein Tuch geben und gut ausdrücken. Dann mit Schnittlauch, Ei und Stärke gut vermischen und mit Salz und Pfeffer würzen.

Mit einem Eßlöffel die Kartoffelmasse plätzchenförmig in eine Pfanne mit Butterschmalz setzen. Darauf etwas gewürfelten Käse verteilen und mit Kartoffelmasse abdecken. Die Kartoffelpuffer auf jeder Seite ca. 4 Minuten braten.

Die Salatblätter waschen, büschelweise aufeinanderlegen und in schmale Streifen schneiden. Aus Öl, Essig, Senf, Zucker, Salz und Pfeffer eine Marinade mischen und den Salat damit anmachen. Die Kartoffelpuffer mit dem Salat anrichten.

Ich kenne Rezepturen, da wird den geriebenen Kartoffeln noch zusätzlich Kartoffelstärke beigegeben. Ein Wahnsinn, der von der Angst getrieben ist, die Plätzchen könnten beim Braten zerfallen. Dort liegt der Hund begraben, warum Kartoffelpuffer so oft an Gummi-Untersetzer erinnern. Alles nur, weil man fürchtet, die Dinger könnten zu locker geraten. Typisch deutsch. Bei den Kartoffelknödeln ist es das gleiche Dilemma. Es scheint das höchste Ziel zu sein, möglichst unzerstörbares Knödel- oder Puffermaterial zu erzeugen.

Da machen wir nicht mit. Wir drücken die geraspelten Kartoffeln über einer Schüssel aus wie die Riesen Steine zum Weinen brachten. Der austretende Kartoffelsaft ist weißlich und enthält jede Menge Stärke, die wie Uhukleber wirkt. Was in der Schüssel ist, das ist nicht mehr in der Kartoffelmasse. Wunderbar. So können wir jetzt lockere Plätzchen backen. Egal, wer da aus dem Rheinland unkt. Kartoffelpuffer müssen keine fetttriefenden, grünlich angelaufene Tretminen sein.

Olivenöl geht beim Erhitzen vieler wertvoller Inhaltsstoffe verlustig. Bei billigem Olivenöl hat dafür bereits die heiße Pressung gesorgt (auch wenn „kaltgepreßt" draufsteht).

Merke: Zwei Sorten Olivenöl sollten im Haus sein. Das teure nehmen wir zum Brot eintunken und für Salat, das billige zum Erhitzen.

SPIEGELEIER MEYERBEER

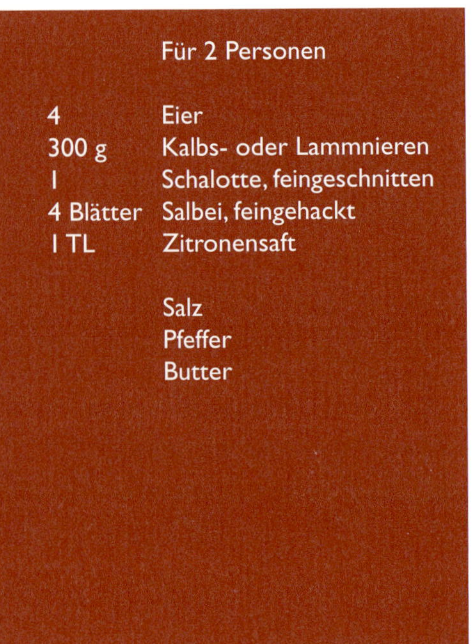

Giacomo Meyerbeer (1791–1864) war gebürtiger Berliner. In Paris kam seine Karriere in ungeahnten Schwung.

Er war zu seiner Zeit sehr populär, stand aber auch im Ruf, sich publikumswilliger Platitüden bedient zu haben. Andererseits schuf Meyerbeer bis dahin ungehörte Orchester- und Klangeffekte. Selbst Wagner und Verdi bedienten sich (uneingestanden) an ihm.

Wie bereits gesagt, Eier haben es in sich. Man sollte meinen, Spiegeleier wären die einfachste Sache der Welt, doch dem ist nicht so. Kein brauner Rand sollte sie verunzieren, das Weiße von unten nur stellenweise sanft gebräunt und oben gerade mal gestockt sein. „The sunny side up", das Gelbe hat wachsweich zu sein.

Paul Bocuse, steinalter, durch viele Küchenschlachten bestbeleumundeter Kochtopfguru aus dem Lyonnaise, stöhnte mal: „Das Spiegelei ist eines der schwierigsten Gerichte überhaupt! Es gibt eine Sache, die man meistern muß, damit die Eier wirklich perfekt gelingen. Das ist der genaue Garpunkt, der eben in dem Moment erreicht ist, wenn das Eigelb milchig und das Eigelb wachsweich geworden ist. Dabei muß sich letzteres mit einem zarten, glänzenden Schleier überzogen haben, der in der Küchenfachsprache Spiegel genannt wird. Schließlich muß man noch darauf achten, daß die Eier nicht am Boden anbraten."

Tja, was ist nicht alles schwierig bei der Kocherei. Oder anders herum, gutes Kochen besteht nur aus Kleinigkeiten, aber es sind unzählige. Kurz und gut, die Eier auf einen Teller schlagen, prüfen, ob sie in Ordnung sind und dann in eine beschichtete Pfanne mit schäumender Butter gleiten lassen. Die Hitze in der Pfanne kleinhalten, damit das Eiweiß nicht zu früh bräunt. Ist die Hitze zu stark, so nimmt man die Pfanne vom Feuer und parkt sie daneben. Auf diese Weise kann die Temperatur, gerade bei Elektroherden, schnell gesteuert werden. Also nochmal, wir lassen den Herd auf Power und schieben die Pfanne mal aufs Glühende, mal ziehen wir sie zur Seite, grad so, daß das Ei sanft brutzelt.

Die Nieren in dünne Scheiben schneiden. In einer zweiten Pfanne die Schalotte in Butter anschwitzen. Nieren und Salbei zugeben und kurz auf heißestem Feuer rösten. Mit Zitronensaft beträufeln, pfeffern und salzen, gehackte Petersilie dran und zu den Spiegeleiern servieren.

RÜHREI-ROTBARBEN-BAGUETTE

Schalotte und Tomate in hauchdünne Scheiben schneiden. Das Baguettebrot der Länge nach durchschneiden und mit Olivenöl beträufeln. Die Brothälften mit Schalotten- und Tomatenscheiben und Salatblättern belegen.

Rotbarbenfilets in Würfel schneiden, pfeffern, salzen und kurz mit den Speckwürfeln und den feingehackten Schalotten in heißem Olivenöl anrösten. Nach ungefähr einer halben Minute geben wir erst den gequetschten Knoblauch dazu. Alles schnell aus der Pfanne und auf einem bereitstehenden Teller parken.

Die Eier kurz verrühren. Sie heißen Rührei, weil sie gerührt und nicht verquirlt werden. Ideal sehen sie aus, wenn nach dem Garen das Gelbe mit weißen Schlieren durchsetzt ist.

In einer Pfanne mit Butter die Eier unter ständigem Rühren garen. Sie sollten nicht völlig fest werden, sondern noch weich und fast ein klein wenig flüssig bleiben. Pfeffern und salzen. Das Rührei auf den Brothälften verteilen. Rotbarbenwürfel auf das Rührei geben und die Brote servieren.

Tip:

In jedem Rezept ist die Rede von Pfeffer und Salz. Wenn ich das schreibe, dann meine ich immer schwarze Pfefferkörner, nicht die weißen. Der schwarze Pfeffer hat mehr Aroma. Auch habe ich festgestellt, daß er sehr fein gemahlen sogar in der Handmühle viel an Duft verliert. Dem kann man abhelfen, wenn die Mühle etwas gröber eingestellt ist. Sehr zu empfehlen wäre ein großer schwerer Mörser, in dem man kurz seinen Bedarf zerstößt.

Zum Salz gibt es generell auch etwas zu sagen. Es wird momentan an einer Salz-Religion gebastelt. Ohne die ungeheure und segensreiche Wirkungskraft von Fetischen schmälern zu wollen, ich verwende kein Himalayasalz, sondern Meersalz von den reinen Stränden der portugiesischen Algarve. Freilich, an den saubersten Ufern finden sich Umweltverunreinigungen, aber Urmeersalze können auch eine wenig vorteilhafte Zusammensetzung enthalten. Egal, jeder soll auf seine Weise glücklich werden. Nur eins sollte nicht in den Topf kommen: normales Kochsalz und noch schlimmer, Jodsalz. Meersalz enthält 84 Mineralien, Kochsalz nur Natrium-chlorid.

WELSH RAREBIT

Für 2 Personen

2	Schalotten, feingeschnitten
2 EL	Bergkäse, gerieben
1/2 TL	englischer Senf
1 EL	Bier
1	Eigelb
1 Msp	Cayennepfeffer
etwas	grober schwarzer Pfeffer
4 Scheiben Kastenweißbrot	

Butter zum Anschwitzen

Die Schalotten in einer Pfanne mit Butter anschwitzen. In eine Schüssel umfüllen und Bergkäse, Senf, Bier, Eigelb, Cayennepfeffer und schwarzen Pfeffer untermischen.

Die Brotscheiben rösten und mit der Masse bestreichen. Unter der Grillschlange kurz gratinieren und servieren.

Welsh Rarebits, dies kulinarische Unikum entstammt englischer Tradition. Über das kulinarische England zu lästern fällt leicht, weil sich alle einig in ihrem Urteil glauben. Die Wirklichkeit ist anders. In England gibt es neben exquisiten Gasthäusern gute Lebensmittel und hervorragende Käsesorten. Ich nenne mal nur den unvergleichlichen Blue Stilton.

Freilich, was die Feinzünglerei angeht, so ist es wie hierzulande: Die Ignoranten sind in der Überzahl. Wer einmal einen English Shop betreten hat und die kitschfarbige Limonade und Surrogatnahrung dorten fassungslos bestaunen durfte, der ordnet die urgermanische Knorr-Erbswurstsuppe wieder unter freudig genommene Special Events ein.

Übrigens werden die echten Welsh Rarebits mit Cheddarkäse bereitet. Guter Cheddar wäre für diesen Snack die beste Zutat. Er ist jedoch in Deutschland nur schwierig aufzutreiben und dem Stino-Engländer auch unbekannt. Anyway, was

hierzulande als Cheddar verkauft wird, könnte man als Nahrungsmittelverbrechen ahnden. Es ist jedoch keins, denn selbst Industrie-Gummikäse ist nicht tödlich. Das muß zugunsten der Nahrungsgangs auch mal eingeräumt werden.

SPINAT
MIT PARMESAN

Für 2 Personen

200 g	Blattspinat
1	Schalotte
1	Knoblauchzehe
1 Bund	Basilikum
2	Sardellen, feingehackt
1/2 Bund	Schnittlauch, feingeschnitten
100 g	gehobelten Parmesan
3 EL	bestes Olivenöl
	Saft einer halben Zitrone
	Salz
	Pfeffer

Spinat, die Stiele weg, gut waschen, abtropfen lassen und in ein Küchentuch geben und etwas trockenen Basilikumblätter von den Stielen zupfen.

Die Schalotte feinschneiden und in einer Pfanne mit etwas Olivenöl anschwitzen, gepreßten Knoblauch und Sardellen untermischen.

Spinatblätter dazugeben, unter Rühren kurz zusammenfallen lassen. Die Blätter dürfen gerne noch teilweise roh sein, also nach realtiv kurzer Zeit die Spinatblätter auf einen tiefen Teller geben. Abkühlen lassen. Wenig später den sich sammelnden Gemüsesaft in ein kleines Gefäß abgießen.

Zum Spinatsaft geben wir etwas Zitronensaft, groben schwarzen Pfeffer und Meersalz. Mit dem Handmixer quirlen wir mit dünnem Faden das Olivenöl in die grüne Flüssigkeit, bis diese eine sämige Konsistenz angenommen hat.

Den lauwarmen Spinat haben wir mit den Basilikumblättern vermengt und auf zwei Tellern in der Mitte angerichtet. Der gehobelte Parmesan wird nun darauf gestreut. Alles nun mit Olivenöl beträufeln und mit Schnittlauch bestreuen.

HEISSE FÜSSE UND KALTER SCHWEISS

In der Zwischenzeit haben Valentin und Belmondo, zwei junge Gängster der russischen Mafia, einen heruntergekommenen Leichenbestatter gefesselt und geknebelt, ihm angedroht, die Füße mit einer Camping-Kochplatte zu verbrennen, wenn er nicht endlich sein Schutzgeld bezahle.

Sie wollen auch wissen, ob er sich an jungen weiblichen Leichen vergriffen hätte? Die Tochter des mächtigen Mafia-Paten Daschajew liegt in seinem Kühlraum. Die beiden haben eine heftige Auseinandersetzung darüber, ob sie mit dem Verbrennen nun auf Oskar warten oder nicht.

Der ist inzwischen mit Maria bei einem Treffen mit Diana, einer Verlegerin, um die „Memoiren" aus seiner Zeit in der Mafia loszuwerden. Als er endlich loskommt, gibt ihm Maria eindringliche Worte mit auf den Weg: Keine Gewalt, Oskar! Keine Gewalt!

Oskar kommt zum verabredeten Ort, an dem die beiden mit dem gefesselten Leichenbestatter noch immer unverrichteter Dinge auf ihn warten.

OSKAR VOR DREIHUN-
DERT JAHREN HAT
KÖNIG LADISLAUS
DIE TÜRKEN AUS WIEN
VERTRIEBEN.
ALS DANK DAFÜR
HAT IHM EIN
JÜDISCHER BÄCKER
EIN BRÖTCHEN
IN FORM EINES STEIG-
BÜGELS GEBACKEN.
EINEN BEJGEL.

VERSTEHST DU DAS?

OSKAR	Guten Morgen. Die Parole heute:
	Keine Gewalt!
BELMONDO	Gute Parole.

Er schiebt mit dem Fuß die heiße Kochplatte unauffällig in die Ecke.

Valentin grüßt Oskar ehrfürchtig, Belmondo nickt nur.

OSKAR	(zu Belmondo)
	Hol mir bitte einen Bagel aus der kleinen Bäckerei,
	gleich um die Ecke.
BELMONDO	Einen was?
OSKAR	Einen Bagel. Möchte sonst noch jemand?

Oskar wendet sich an den gefesselten Dicken.

| OSKAR | (freundlich) |
| | Sie vielleicht? |

Zum Erstaunen aller Anwesenden nickt der Gefangene.

| OSKAR | Gut. Also zwei Bagel. |
| BELMONDO | Nicht dein Ernst, oder? |

Oskar zieht einen Geldschein aus der Tasche, mit einer Bestimmtheit, die keinen Widerspruch duldet.

Als Belmondo, gedemütigt als Botenjunge, zurückkommt, reicht er sehr herablassend Oskar eine Papiertüte.
Oskar nimmt die Papiertüte und holt zwei Sesamringe heraus.

OSKAR	Was ist das?
BELMONDO	'N Sesamring, vom Türken.
OSKAR	Vor dreihundert Jahren hat König Ladislaus die Türken aus Wien
	vertrieben. Als Dank dafür hat ihm ein jüdischer Bäcker ein Brötchen
	in Form eines Steigbügels gebacken.
	Einen Bejgel. Verstehst du das?
BELMONDO	Ich achte nicht so aufs Essen, Mann.

GERICHTE ZWISCHENDURCH MIT UND OHNE BAGELS

Es gibt einige Varianten über die Ursprünge des Bagels. Was die Herkunft des Lochs anbetrifft, so leuchtet mir ein, Bagels mit einem Stock aufzuspießen. Er muß dadurch weniger in die Hand genommen werden und läßt sich im Straßenverkauf sehr gut transportieren.

Osteuropäische Juden brachten das Rezept nach Amerika. Bagelbäckereien nahmen in New York einen großen Aufschwung, als die Thompson Bagel Machine Corporation einen Bagel-Automaten erfand. So kam es in den 60er Jahren zu einer enormen Verbreitung des Gebäcks. Allerdings damit einhergehend auch eine gewisse Profanisierung. Sie mündete darin, daß „Bretzeln mit Loch" mittlerweile auch an deutschen Tankstellen angeboten werden.

Manchem wird es auch so gegangen sein, daß er von dem famosen Gebäck nie etwas hörte, bis die Firma McDonald's dieses traditionsreiche Gebäck erniedrigte. In der Tat, es gibt jede Menge üble Bagels, und es ist nicht abwegig, sich durch Selbstbacken eine gewisse Denkmalpflege zu betreiben.

Der Klassiker ist „bagel with cream-cheese and lox", also mit Frischkäse, Salat und Lachs. Lachs muß aber nicht sein, einfachere Zubereitungen lassen ihn weg. Immer aber wird auf die mosaischen Speisegesetze Rücksicht genommen – Fleisch und Milchprodukte deshalb nie vermischt.

VINCENTS BAGEL-HAMBURGER

Idealerweise sollte man das Rindfleisch nicht durch den Wolf drehen, sondern, wie beim klassischen Tatar, mit einem scharfen Hackmesser in feine Scheiben schneiden, anschließend in Streifen und danach in kleine Würfel zerteilen. Die kleinen Fleischwürfel werden dann noch mit dem Hackmesser fein gewiegt.

Wer dazu keine Zeit hat, kann natürlich auch alles beim Metzger durch den Wolf drehen lassen.

Das Hackfleisch in eine genügend große Schüssel geben. Sardelle, Schalotte, Senf, Kapern, Eigelb, Olivenöl und Paprikapulver rasch untermischen. Die Masse mit Salz und Pfeffer abschmecken, zu zwei Buletten formen und nach Wunsch in einer Pfanne mit Butterschmalz halb durch oder mehr durchgegart braten. In den USA kann man bei guten Hamburger-Imbissen sein Gericht in jeder gewünschten Garstufe bestellen.

Die Bagels aufschneiden, mit Ketchup bestreichen, Buletten, Gurken-, Zwiebelscheiben und ein oder zwei Salatblätter darauf legen. Mit der anderen Bagelhälfte abdecken und genießen.

Für 2 Personen

200 g	mageres Rindfleisch, sehnenfrei
1/2 TL	Sardelle, feingehackt
50 g	Schalotte, feingehackt
1 TL	scharfer Senf
1 TL	Kapern, feingehackt
1	Eigelb
3 EL	Olivenöl, kaltgepreßt
1 TL	Paprikapulver, edelsüß
2	Bagels
1–2 TL	Ketchup
einige	Gurkenscheiben
1 kleine	Zwiebel, in feine Scheiben geschnitten
einige	Salatblätter

Salz
Pfeffer
Olivenöl zum Anbraten

Anmerkung: Wichtig ist, genau zu wissen, woher das Fleisch kommt, und ob das Tier artgerecht gefüttert und aufgezogen wurde. Ich empfinde dies als Grundvoraussetzung eines jeden Fleischgerichts. Hätte man sich immer daran gehalten, so wäre man mit Fleisch nie so lieblos umgegangen, daß es zu den Katastrophen wie BSE hätte kommen müssen. Das oben genannte Rezept basiert auf der Herstellung eines guten Tatars, ist also, wenn die Kriterien des verantwortungsbewußten Fleischeinkaufs eingehalten werden, auch köstlich roh zu essen.

HERZHAFTE
ARME RITTER

Für 2 Personen

1/2	Kastenweißbrot
3	Eier
1/4 l	Milch
100 g	dünn geschnittene italienische Salami, Schinken oder Käse

grober Pfeffer
Salz
Butterschmalz

Das Weißbrot in dünne Scheiben schneiden. Eier und Milch verquirlen, mit Salz und Pfeffer würzen. Die Brotscheiben in die Eiermilch tauchen, herausnehmen, abtropfen lassen und von beiden Seiten in einer Pfanne mit Butterschmalz bei mäßiger Hitze braten. Die gebratenen Brotscheiben mit Salami, Schinken oder Käse belegen und zusammenklappen.

Das alles läßt sich natürlich auch mit Baguette bereiten. Zum Butterschmalz muß noch etwas gesagt werden. Man kann es fertig kaufen, und so schmeckt es auch, nämlich sauer und abgestanden. Meine Empfehlung wäre, es selbst zu machen. Der Unterschied ist riesig, sonst wüde ich nicht so darauf bestehen. Man hat auch den Vorteil, daß die oft lange im Kühlschrank lagernde Butter durch frische ersetzt werden sollte.

Die Butter in einen um einiges größeren Topf geben, als wir Butter haben. Sie schmilzt und fängt zu schäumen an. Diesen Schaum nicht, wie in vielen Kochbüchern beschrieben, abschöpfen, sondern in der schaumigen Butter stets herumrühren. Vorsicht, bei der ganzen Prozedur darf man den Herd nicht verlassen. Die schäumende Butter könnte über den Topfrand quellen, auf die heiße Herdplatte gelangen und die Küche abfackeln. Also, immer schön rühren und einen zweiten Topf bereitstellen. Die anfangs weißen Schlieren beginnen zu bräunen, und nun ist es höchste Zeit, alles in einen kalten Topf umzugießen, um den Garprozeß schnell abzubrechen. Es entstehen kleine Brösel, die hellbraun bleiben sollten. Diese

„Grieben" wurden früher über die Nudeln gegeben. Das sollte man mal probieren, dann weiß man, wie Butternudeln zu schmecken haben. Auch übers Kartoffelpüree geträufelt, erfährt man ungeahnte Höhen intensiven Geschmacks. Weil dieser so dicht ist, benötigt man nur sehr wenig davon, und es schmeckt heftiger als pfundweise Frischbutter.

Man gießt das klare Butterschmalz, man nennt das auch geklärte Butter, in ein Marmeladeglas. Den braunen Bodensatz, die „Grieben", kommen in ein anderes Glas. Dicht verschlossen sind beide Inhalte mindestens ein halbes Jahr haltbar. So weit sollte es eigentlich nicht kommen.

In meiner Küche wird mit einigen Fetten und Ölen gearbeitet, von Mohnöl angefangen bis zu Sesamöl und Mandelöl. Zwei Fette sind für mich aber unverzichtbar, Olivenöl und Butterschmalz.

BAGEL GRUNDREZEPT

Das Mehl mit Trockenhefe mischen. Zucker, Salz, 340 ml lauwarmes Wasser und Öl hinzufügen und mit dem Handrührgerät zu einem elastischen Teig kneten, bis sich dieser vom Schüsselrand löst. Die Teigschüssel mit Klarsichtfolie dicht verschließen und den Teig mindestens eine Stunde gehen lassen.

Aus dem Teig acht Kugeln formen, die Arbeitsfläche dünn mit Mehl bestäuben und darauf die Teigkugeln nochmals eine Viertelstunde gehen lassen.

Die Kugeln plattdrücken. Einen Kochlöffelstiel durch die Mitte bohren und das Loch durch kreisende Bewegungen erweitern. Es soll etwa 4 cm groß sein. Die Bagels mit ausreichendem Abstand (da sie noch aufgehen) auf ein mit Backpapier belegtes Blech legen. Abdecken und wieder eine halbe Stunde gehen lassen. Den Backofen auf 220 Grad (Umluft) vorheizen.

Einen breiten Topf zur Hälfte mit Wasser füllen und zum Kochen bringen. Jeweils zwei Rohlinge mit der Oberseite nach unten in das kochende Wasser legen, etwa 30 Sekunden ziehen lassen, umdrehen und nochmal ziehen lassen. Seine unvergleichliche Oberfläche erhält der Bagel durch das Wasserbad. Sozusagen wird die äußere Schicht des Gebäcks kurz gegart, die Poren werden geschlossen, umso mehr geht das Innere des Teigs auf und lockert sich. Nach dieser Prozedur wird der Bagel mit der Schaumkelle herausgenommen. Wir lassen ihn kurz auf einem Küchentuch abtropfen und legen ihn aufs Backblech. Anschließend im Backofen ca. 20 Minuten hellbraun backen.

OHRENSCHMAUS MIT INNEREIEN

„Keine Gewalt!" war die Parole, die Oskar ausgegeben hatte, als er kam. Und doch konnte er sich nicht zurückhalten, als es um die nun tote Gila ging, an der sich der Leichenbestatter vergriffen hatte.

Es folgte die Auseinandersetzung mit Belmondo, der sich den kulinarischen Wünschen Oskars widersetzte und der in Folge dann „Secrèts", Oskars Aufzeichnungen, in seinem Wagen entdeckt und seine Schlüsse daraus zieht.

Sie nehmen die Leiche von Gila mitsamt dem Sarg mit und fahren zum „Paten von Wien", Konstantin Daschajew, Kopf der russischen Mafia Wiens. Oskars BMW und der VW-Bus fahren in der Einfahrt der herrschaftlichen Villa vor. Ein paar Männer in schwarzen Anzügen, Konstanstins Garde, kommen aus dem Haus, helfen Valentin und Belmondo mit dem Sarg. Der Sarg ist über und über mit Taubenkot verdreckt.

Oskar geht die Freitreppe hinauf. Oben erscheint Konstantin Daschajew, ein gut aussehender, herrischer Mann um die 70. Er schaut traurig auf den Sarg. Seine Erscheinung löst bei den Männern großen Respekt aus. Sie zücken ihre Taschentücher, spucken hinein und rubbeln die Taubenscheiße vom Sarg ab.

Oskar steigt zu Konstantin empor. Sie schauen einander in die Augen.

OSKAR ICH HABE MIR VORGENOMMEN, NIEMANDEM MEHR IN DEN FUSS ZU SCHIESSEN.

KONSTANTIN	Danke, daß du mir meine Gila zurückgebracht hast.
OSKAR	Ich hätte es viel früher tun sollen.
KONSTANTIN	(wehmütig)
	Sie hat immer ihren Kopf durchgesetzt…

Holzgetäfelte Wände, gediegene, schwere Möbel, Lederfauteuils,
alte Bücher, Ölgemälde. Konstantin schaut, in Gedanken
versunken, aus dem Fenster. Oskar steht unschlüssig im Raum, schaut
verstohlen auf seine Armbanduhr.
Er räuspert sich.
Konstantin schaut ihn an.

| KONSTANTIN | Du bist wie mein Sohn, Oskar. Kümmere dich bitte um alles. |
| OSKAR | Ich habe schon alles besorgt. Es fehlt nur noch der Kaviar. |

Oskar weiß natürlich, daß Konstantin nicht den Leichenschmaus
meint.

KONSTANTIN	Solange Gila mit Leo verheiratet war, wollte ich ihr keinen Schmerz
	bereiten. Wenn mein Kind unter der Erde liegt, wirst du diese Ratte
	entsorgen.
OSKAR	Sollten wir das nicht gewaltlos regeln.
KONSTANTIN	Gewaltlos?
OSKAR	Ich meine, im Augenblick verabscheue ich so diese… diese… stink-
	normale Gewalt, die so überhaupt keinen Stil hat.

Konstantin schaut ihn durchdringend an.

OSKAR	Ich habe mir vorgenommen, niemandem mehr in den Fuß zu
	schießen.
KONSTANTIN	Du sollst ihm auch nicht in den Fuß schießen.
	Du sollst ihm beide Ohren abschneiden und ihm ins Maul stecken.
	Du sollst ihm mit Benzin übergießen und anzünden und ihm
	dann die Gedärme rausreißen. Das hat mit stinknormaler Gewalt
	nichts zu tun.
OSKAR	Hm… ja. Das stimmt.
KONSTANTIN	Na siehst du.

DIE GROSSEN MEISTER UND OSKARS LEIBGERICHTE

Den französischen Adligen flog der Kopf von der Guillotine, und die bei ihnen beschäftigten Köche flogen auf die Straße. Was blieb ihnen anderes übrig, als eine Kneipe zu eröffnen. Die Französische Revolution von 1789 beschleunigte, was das bürgerliche Selbstbewußtsein damals dringend brauchte. Die Revolution hatte gesiegt, die Könige waren perdu, jetzt wollte sich der Normalo als König fühlen.

Noch vor der Revolution eröffnete 1782 „La Grande Taverne de Londres", das erste Luxusrestaurant in Paris. Der Besitzer Antoine Beauvilliers schrieb später das Buch „L'Art du cuisinier" (1814), es wurde ein Standardwerk der französischen Kochkunst. Die Kochkunst Frankreichs war längst Vorbild geworden. Beispielsweise wurde am preußischen Hof Friedrichs des Großen französisch gesprochen, die Küche und die Speisekartensprache waren es sowieso. Frankreich verfügte bereits seit dem Barock über ein professionelles Regelwerk der Kochkunst, das uns Deutschen bis heute fehlt.

Oskar, belesen und neben seinen Schießkünsten ein Mann von Lebensart, voll mit Kochwissen, ist ein absoluter Anhänger der Grande Cuisine. So sollte man Oskar ganz und gar nicht als Hobbykoch bezeichnen, dazu hat er zu viel über die Gastronomie nachgedacht.

Er wollte immer wissen, wo kommt sie her, die Gastronomie, und wo sollte sie hin. Allein das Wörtchen „Restaurant": Der Name ist uralt und wurde erstmals 1765 in Paris benutzt. Monsieur Boulanger verkaufte Schafsfüße in weißer Sauce. Seine Suppen nannte er „restaurants" oder auch „restoratives", weil man durch sie „restauriert", sozusagen runderneuert wurde und wieder zu Kräften kam. Entscheidend war, es gab bald verschiedene Gerichte, man konnte wählen, sich ein Menü zusammenstellen. Die einzelnen Gerichte waren dann separat zu bezahlen.

Bis dahin gab es immer nur das einheitliche Tagesmenu, das hatte man zu essen – oder zu verschwinden.

Mit der Französischen Revolution ging es mit der Gastronomie dann richtig los. Die arbeitslosen Köche des Adels gründeten eigene „Herdfeuer", manche gingen auch ins Exil. Das Restaurant „Rule" in London gibt es noch heute. Im Jahre 1804 gab es in Paris bereits über fünfhundert Restaurants. So kann man Frankreich ohne Wenn und Aber die Heimat der Kochkunst nennen. Egal, was vorher war und nachher kam. Aus dieser Entwicklung gingen glänzende Köche hervor. Antoine Carème kochte nach der napoleonischen Katastrophe, bei den Friedensverhandlungen in Wien (Wiener Kongreß), für seinen französischen Minister Talleyrand dermaßen gut, daß die Siegerstaaten ganz vergaßen, wer eigentlich den Krieg verloren hatte. Frankreich nahm seine gute Küche sozusagen in diplomatischen Dienst. Später, als man ins 20. Jahrhundert wechselte, war es Auguste Escoffier, der als Koch unsere heutigen Eßgewohnheiten berücksichtigte. Mit diesen altvorderen Kollegen von Oskar kam Glanz in den Beruf. Köche bekamen ein bemerkenswertes Selbstbewußtsein. Escoffier kochte auch im Hotel Adlon in Berlin. Kaiser Wilhelm II. war so begeistert, daß er ihn zu sich bat. Aus der Tiefe der Küche ließ Escoffier dem Kaiser die Nachricht zukommen: „Sie sind der Kaiser der Deutschen, ich bin der Kaiser der Küche, also kommen Sie zu mir runter an den Herd!" Kaiser Wilhelm gehorchte.

Im „Ancien Régime", vor der Französischen Revolution, speiste man überwiegend mittags zwischen 13 und 15 Uhr. Wegen der Deputiertenversammlungen, die üblicherweise bis 17 Uhr dauerten, verlagerte sich die Hauptessenszeit der Volksvertreter, und ihnen folgend der meisten Bürger, auf den Abend.

Mit der Veröffentlichung des „Almanach des gourmands" im Jahre 1803 erfand Alexandre Balthazar Grimod de la Reyniere (1758–1838) die Gastronomiekritik. Der neue Literaturzweig fand bald ein starkes Echo bei gebildeten Leuten, die der mondänen Salons überdrüssig waren und sich mit Freude in diese neue soziale Kultur stürzten, die in den Restaurants auflebte.

Das während der napoleonischen Ära bedeutendste Restaurant „Véry" führte auf seiner Speisekarte ein Dutzend Suppen, zwei Dutzend Fischgerichte, 15 Fleischgerichte und Unmengen an Beilagen. Honoré de Balzac verschlang im „Véry" ungeheure Mengen von Austern, Fisch, Fleisch, Früchten, Wein und Spirituosen. Das Restaurant „Véry" wurde 1869 von dem benachbarten Restaurant „Le Grand

Véfour" übernommen, welches bis heute am Place Royal seine drei Michelinsterne, die höchste gastronomische Auszeichnung, verteidigt.

Ein weiteres überragendes Etablissement im 19. Jahrhundert war das „Café Foy", später „Chez Bignon" genannt, in dem der englische Schriftsteller William Makepeace Thackeray und der italienische Opernkomponist Gioacchino Rossini verkehrten. Am 23. April 1893 eröffnete der Kellner Maxime Gaillard in Paris ein Lokal, das bald zum kulinarischen Zentrum von Paris und 1979 als erstes Restaurant der Welt unter Denkmalschutz gestellt wurde: das luxuriöse Maxim's. Heute hat es nicht mehr den Glanz wie vor Jahren. Jakobsmuscheln in Safran, das aß der junge Koch Vincent Klink dort. Es war 1975, als er sich dort vom Glanz und der Perfektion solcher Speisen schier einen Herzinfarkt holte. Bis dahin war das Filetsteak mit grünem Pfeffer der größte kulinarische Hammer. Mit diesem Besuch, und den einiger anderer französischer Spitzenrestaurants, begann eine neue Zeit des Lernens. Oskar steckte zu der Zeit noch tief im Blaue-Bohnen-Eintopf. Die beiden robusten Kerle lernten sich in den 80er Jahren auf dem Wiener Opernball kennen. Das Publikum dort fanden sie auch nicht exquisiter als die Geschäftsfreunde von Oskars Nachtschicht. So viel „ehrenwerte Gesellschaft" braucht auf Dauer niemand. Beide sonderten sich ab und wurden gute Freunde. Ihrem sozialen Umfeld gegenüber wurden sie immer schrulliger.

Schlußendlich kam es zu der Einsicht, der einzig sichere Platz der Welt sei ein gutes Restaurant.

BURGUNDERBRATEN

Für 4–6 Personen

1	große Zwiebel
1	große Karotte
1–1,5 kg	Rindfleisch (aus der Schulter)
ca. 1/2 l	Burgunder (oder ein anderer kräftiger Rotwein)
ca. 1/2 l	Fleischbrühe
ca. 1 TL	Mehlbutter (weiche Butter mit Mehl zu gleichen Teilen gemischt)

Meersalz
Pfeffer aus der Mühle,
Butterschmalz
zum Anbraten

Zwiebel und Karotte schälen und in grobe Würfel schneiden. Das Fleisch mit Meersalz und frisch gemahlenem Pfeffer einreiben und in heißem Butterschmalz rundum kräftig anbraten. Zwiebel- und Karottenwürfel zugeben und ebenfalls kurz anrösten. Mit etwas Rotwein ablöschen und einkochen, etwas Brühe angießen und zugedeckt bei schwacher Hitze ca. 2 Stunden schmoren.

Das bedeutet, es darf nicht zuviel Fond im Topf sein, höchstens fingerhoch. Deshalb während des Schmorens immer wieder den Bratensatz mit etwas Brühe und Rotwein lösen. Das alles geschieht bei geschlossenem Deckel. Ohne Deckel kann man auch den Braten in den Ofen schieben. So kommt es zu intensiverem Röstgeschmack. Beide Methoden führen zum Erfolg.

Allgemein heißt es immer wieder: „Scharf anbraten, damit sich die Poren schließen!" Schon gut, meistens wird viel zu heiß gebraten, die Küche versinkt im Qualm, als wäre man mitten in einem Atombombentest. Klar, es ist schön und erhebend, wenn das Publikum außerhalb der Küche sich ängstigt und alle die riskante Malocherei am Herd bewundern. Man könnte aber sagen, grundsätzlich wird viel zu hektisch geröstet und gekokelt.

Wichtig allein ist die Tatsache, daß der Braten nicht zu kochen beginnt. Es würde sich dann nämlich austretender Saft am Topfboden bilden, und eine Bräunung könnte dann nicht mehr stattfinden.

Der Braten ist gar, wenn sich eine eingestochene Fleischgabel wieder locker herausziehen läßt. Den fertigen Braten aus dem Topf nehmen und warmstellen. Die Sauce durch ein Sieb passieren. Diese Jus ist servierfertig. Will man die Sauce sämig, so wird etwas Mehlbutter unter die Jus gerührt. Das Mehl muß gut auskochen, deshalb lassen wir die Sauce mindestens 10 Minuten kochen. Wer zur Abrundung noch Sahne drangießt, der verläßt den klassischen Kanon. Sahne, so heißt es allenthalben, verhelfe einem Gericht zu mehr Eleganz. Das mag stimmen, Eleganz ist aber immer gefährlich in der Nähe des Nivellierten, der Fadheit und des Androgynen. Kurzum, Sahne ist und bleibt verboten. Mit Salz und Pfeffer abschmecken. Den Braten können wir nun tranchieren und mit der Sauce anrichten.

Soviel zur klassischen Vorgehensweise. Auf die modernere Art, dem Niedertemperaturgaren, kommen wir noch in einem separaten Kapitel zu sprechen.

KANINCHENROULADE MIT PFIFFERLING-THYMIANFÜLLUNG

Für 2 Personen

2	Schalotten, feingehackt
I	Knoblauchzehe, feingehackt
50 g	Pfifferlinge, gehackt
1/2 Bund	Petersilie, gehackt
I EL	Thymianblättchen
2	Kaninchenkeulen
6 Scheiben	luftgetrockneter Speck (hauchdünn aufgeschnitten)
1/4 l	Weißwein
I TL	kalte Butter

Meersalz
Pfeffer
Olivenöl

Die Schalotten in Olivenöl anschwitzen, Knoblauch und Pfifferlinge hinzufügen. Pfanne vom Herd ziehen, Petersilie und Thymian untermischen.

Die Kaninchenkeulen entbeinen und zwischen einem Gefrierbeutel dünn plattieren. Mit Salz und Pfeffer würzen und mit der Pfifferlingmasse bestreichen.

Man legt jeweils 3 Scheiben Speck eng aneinander. Das plattierte Fleisch mit der Füllung legen wir darauf und rollen alles eng zusammen.

Diese Arbeit läßt sich gut vorbereiten. Ideal wäre, die Rouladen in Klarsichtfolie zu wickeln. Die Enden der Folie drehen wir zusammen. So strafft und verbindet sich das Fleisch mit dem Speck optimal. Die so präparierten Rouladen können ohne weiteres zwei Tage im Kühlschrank gelagert werden. Übrigens, nur kurz nebenbei, wer Kaninchen nicht mag, kann diese Zubereitungsart auch auf Kalbfleisch, Rindfleisch und Hähnchenbrust übertragen.

In einer Pfanne mit Olivenöl die Rouladen sanft von allen Seiten braten. Mit etwas Weißwein ablöschen, leicht einkochen und die Sauce mit I TL Butter binden. Rouladen mit der Sauce anrichten.

Kalbsrouladen nennt man auch „Vögerl", also „Kalbsvögerl". In Italien firmieren sie unter „Involtini". Die klassische Rindsroulade wird als deutsches Kulturgut angesehen. Wer nichts anderes kennt, mag gerne weiter mit diesem Dünkel leben. Heimat wird bekanntlich um so mehr verherrlicht, je weniger man von seinen Nachbarn und der übrigen Welt weiß. Wir reden immer gerne auch von regionaler Küche. Das mit Recht. Wichtig ist es aber zu wissen, daß es kaum sortenreine Regionalspezialitäten gibt. Da fällt mir auf die Schnelle nur der westfälische Pumpernickel ein. Diese Spezialität hat sich keine andere Ethnie unter den Nagel gerissen, was nachdenklich stimmen sollte.

Alle Völker haben sich gegenseitig befruchtet. Im kleineren Maßstab gab es in der Küche schon immer die Phänomene der Globalisierung. Die schönsten Reisepräsente sind mitgebrachte Rezepte. Das schönste Erbe sind Rezeptsammlungen. So entfuhr es einmal Oskar, als er gerade seine Eisenpfanne mit Waffenöl reinigte.

POUSSIN „JOSEPHINE"
(AUGUSTE ESCOFFIER)

Für 2 Personen

2 Stubenküken

Panade:
2 Eier
2 EL Mehl
6 EL geriebenes Kasten-
weißbrot

Sauce:
1/4 l Geflügelfond
1 EL Rosenpaprika (mild)
1 Eigelb
4 EL Sahne

Meersalz
Pfeffer

Das Weißbrot zerkleinert man am besten in einem Küchenkutter. Wer ein solches Gerät nicht hat, kann das Brot, allerdings etwas mühsam, mit der groben Rettichreibe zusammenschrubben oder, was sehr elegant wäre, in klitzekleine Würfel schneiden. Mit letzterer Methode wird das Fleisch mit ganz kleinen Brotwürfeln paniert, was apart aussieht. Mehr aber steht im Rezept des panierten Ziegenkäses.

Das Poussin (Stubenküken) wird vom Rücken her entbeint. Mit dem Messer führt man einen Schnitt entlang der Mitte des Rückens.

Nun schabt man die Rippen entlang, zwischen Fleisch und Knochen, bis man auf der anderen Seite, dem Brust-Mittelknochen, angelangt ist. Nun wird die Karkasse (das Knochengerüst) von den Schenkel- und Flügelknochen abgetrennt. Das Küken wird flach ausgebreitet und plattiert.

Gut würzen mit Salz und Pfeffer. Panieren, zuerst in Mehl wenden, dann durchs Ei ziehen und zum Schluß das Weißbrot andrücken. Den Vogel nun in Butter bei geringer Hitze braten. Von jeder Seite ungefähr 5 Minuten.

Gut gewürzten Geflügelfond (Fleischbrühe geht auch) um die Hälfte mit dem Paprikapulver einkochen. Eigelb mit Sahne verquirlen und mit dem Schneebesen unter den kochenden Fond schlagen. Diesen dann sofort vom Herd ziehen, immer weiterschlagen. Das Eigelb bindet, wir schlagen deshalb weiter, weil der Topfboden noch sehr heiß ist und erst leicht abkühlen muß. Der heiße Topfboden würde das enthaltene Ei nämlich stocken lassen. Wir bekämen Rührei. Eine ganz sichere Methode wäre, die Sauce, wenn sie dick wird, sofort in eine Sauciere umgießen. Auf dem Teller die rote Paprikasauce als Spiegel aufgießen und das Küken darauf setzen.

Es war zu Zeiten Auguste Escoffiers gerne der Brauch, Gerichte berühmten Leuten zu widmen. „Pfirsich Melba", eine Escoffier-Kreation mit Vanilleeis und Himbeermark, ist bis in die heutige Zeit präsent. Das „Poussin Josephine" wurde allerdings nicht der wunderbaren Josephine Mutzenbacher gewidmet. Die Beglückte war Josephine Baker, die dunkle Schönheit mit dem festen kleinen Busen. Sie war es, die der damaligen Zeit klarmachte, daß schöne Aussichten nicht mit Säcken verhängt sein müssen. Sie war der Küche weit voraus, die bis in die heutige Zeit um Transparenz, Eindeutigkeit und Klarheit ringt.

KALBSSCHNITZEL MIT BIRNEN GEFÜLLT

Für 2 Personen

4	Kalbsschnitzel à 100 g
1	Birne
1 EL	Zuckerrübensirup
1 EL	frische Minze, feingehackt
1	Schalotte, feingewürfelt
1	Knoblauchzehe, gepreßt
1/8 l	Weißwein
2 Blätter	Salbei, in Streifen geschnitten
1 TL	kalte Butter

Meersalz
schwarzer Pfeffer
Olivenöl

Die Birne schälen, vierteln, das Kerngehäuse entfernen und in erbsengroße Würfel schneiden.

Etwas Olivenöl in eine Pfanne geben und die Birnenwürfel darin leicht bräunen. Zuckerrübensirup, eine Messerspitze schwarzen Pfeffer und Minze zugeben und zu einer festen Paste einkochen.

Die Schnitzel ganz dünn plattieren (am besten zwischen einem Gefrierbeutel), mit Salz und Pfeffer würzen. Auf die rechte Fleischhälfte einen Klecks Birnenmasse geben und die linke Fleischhälfte darüberklappen. Die Ränder fest andrücken.

Die gefüllten Schnitzel in einer Pfanne mit Olivenöl von beiden Seiten ungefähr eine Minute braten, dann herausnehmen und warmstellen.

In der Pfanne Schalottenwürfel und Knoblauch anschwitzen, mit Weißwein ablöschen, Salbei zugeben und etwas einkochen lassen. Den Fleischsaft, der aus den Schnitzeln ausgetreten ist, ebenfalls zugeben. Die Sauce mit einem Teelöffel kalter Butter aufmontieren und abschmecken.

Die Schnitzel anrichten, etwas Sauce darüber geben und servieren. Dazu Weißbrot reichen.

Wer selbst einen Birnbaum besitzt, der weiß, welch kapriziöses Obst Birnen sein können. Entweder sie sind hart und geschmacklos, oder sie sie sind zu reif und bereits „on a recycling way".

Freilich, es gibt ein Dazwischen. Beim Einkaufen geht es eigentlich nicht anders, als daß die Köstlichkeiten mit der Hand auf gewisse Weichheit abgegriffen werden. Damit wären die Supermärkte als Einkaufsquelle ausgeschieden. Wer oben genanntes Rezept mit harten, meinetwegen bildschönen Birnen bewältigen will, wird nie dahinterkommen, wie das Gericht optimal zu schmecken hat. Ich halte es so, daß während der Saison immer eine Obstschale Birnen in der Küche präsent ist. Dann übe ich mich in Geduld und greife mir die Früchte in optimalem Zustand als Schmackofatz für zwischendurch. Meine Lieblingssorten?

Gute Luise, Dr. Guyot, Gellerts Butterbirne. Es gibt noch einige andere, aber die Williamsbirne ist nicht darunter.

SEEZUNGE IN SAUCE DIPLOMAT

Für 2 Personen

1	Seezunge
1 TL	Butter
	Pfeffer
	Salz

Hummer-Diplomat-Sauce

1	Hummer ca. 600 g
1	Schalotte kleingeschnitten
3	Champignons kleingewürfelt
1	Knoblauchzehe
1/8 l	Noilly Prat (weißer Wermut wie Martini dry)
1/8 l	Fischbrühe
1 Zehe	Knoblauch
1/8 l	Sahne
1 TL	Kümmel gemörsert
1 TL	Pastis (Ricard, Pernod)
1 EL	Butter

Die Seezunge abziehen, waschen, trockentupfen. Die äußeren Strahlenflossen mit einer Schere zurechtstutzen. Den Fisch mit Pfeffer und Salz würzen. In Butter von beiden Seiten knusprig braten. Jeweils eine Seite auf kleinem Feuer fertig braten (ca. 5 Minuten), dann wenden und die andere Seite braten. Mit der Sauce und dem Hummerfleisch servieren.

In einem großen Topf mindestens einen Liter Wasser zum Kochen bringen. Den Hummer hineingeben. Warten bis das Wasser kocht. Nun den Hummer versenken und den Topf zur Seite stellen. Den Hummer zehn Minuten ziehen lassen. Herausnehmen und der Länge nach teilen. Vorne den Magen herausnehmen. Der Magen ist das einzig Unbrauchbare, leicht zu erkennen, da er knorpelig und ganz vorne an der Spitze des Kopfs zu finden ist. Alles andere, egal wie schlabberig es aussieht, wird verwendet. Die hellgrünen Eingeweide stehen unter Kennern in besserem Ruf als der allseits gepriesene Schwanz oder die Scheren. Die Hummerscheren ausbrechen. Der Schwanz wird mit Schale halbiert. Gelenke ausbrechen und feinhacken.

In der Pfanne rösten: Schalotten, Champignons, Knoblauch, kleingehackte Hummerschalen. Auf großer Flamme alles braun rösten. Mit Pastis ablöschen. Mit Noilly Prat und etwas Fischbrühe auffüllen. Gut durchkochen. Und in ein Töpfchen passieren.

Pfanne ausreiben und in etwas Butter das kleingehackte Gelenkfleisch anrösten, dann Scheren und Schwänze dazu und aufwärmen. Den Fond etwas einkochen und mit einigen Butterflocken abbinden. Die Seezunge anrichten, das Hummerfleisch obenauf und mit dieser Sauce umgießen.

Seezungen, wie alle Fischfilets, neigen dazu, in der Pfanne anzukleben, und damit geht auch die geschmacksintensive Kruste verlustig. Ein Kratzen und Schaben beginnt, und oft nähert sich das Gericht im Aussehen bedrohlich einem Bratkartoffelgericht.

Wichtig: Butterschmalz oder Olivenöl heiß werden lassen. Der Fisch muß optimal abgetupft und trocken sein. In die Pfanne legen und sofort den Fisch hin und her bewegen bzw. die Pfanne leicht schütteln und so den Fisch am Rutschen halten. Dabei kommt immer Fett unter das Tier. Hat sich eine dünne Kruste gebildet, können wir mit unseren Bemühungen nachlassen, „Alles wird gut werden", sprach Candide.

GEFÜLLTER STEINBUTT
IM EIGENEN FOND

Für 8 Personen

3	Schalotten, feingehackt
l	Knoblauchzehe, feingehackt
2 cl	Ricard oder Pernod
3 Blätter	Salbei
l	Lorbeerblatt
3/4 l	weißer Burgunder
l Stange	Staudensellerie, feingewürfelt
l	kleiner Apfel, feingewürfelt
l	Zitrone, unbehandelt (Schale und Saft)
l	Steinbutt (ca. 3 kg)
l	kleine Zwiebel, feingehackt
l EL	kalte Butterflöckchen

Meersalz
Schwarzer Pfeffer

Dieses Rezept ist für mindestens 8 Personen ausreichend, also ein Gericht für die gemeinsame große Tafel, für einen besonderen Anlaß. Dieser ist eigentlich immer gegeben, wenn man eines guten Exemplars Steinbutt habhaft werden kann. Der Fasan des Meeres wurde er genannt, er ist sicherlich der feinste Seefisch überhaupt. Kleine Steinbutte unter einem Kilo sind immer gezüchtet. auch nicht ganz schlecht, jedenfalls zum Üben.

Schalotten, Knoblauch, Ricard, Salbei und Lorbeerblatt in ein Töpfchen geben, mit 1/4 Liter Wein aufgießen und bei großer Hitze sirupartig einkochen. Salbeiblätter und Lorbeerblatt herausnehmen. Staudensellerie zugeben, wenig später die Apfelwürfel, etwas Zitronenabrieb und etwas Zitronensaft. Bei großer Hitze weiter dickflüssig einkochen. Zur Seite stellen und abkühlen lassen.

Dem Steinbutt mit einem runden Schnitt den Kopf abschneiden. Mit einem langen Filetiermesser am Rückgrat, an den Knochen entlang, in Richtung Schwanz fahren. Es ist besser, man hält das Messer zu tief, rammt also eher die Knochen, als daß die Haut nach oben durchstochen wird. Die Spitze des Messers wird dann gegen die äußeren Strahlenflossen geführt. Mit der Hand kann man nun raumgreifend zwischen Gräten und Fleisch bis zum Flossenrand fahren. Ist die eine Seite unterminiert, dreht man den Delinquenten um. Auf der anderen Seite ebenso bis zu den allseitigen Flossen vorarbeiten.

Nun wackelt die Knochenkarkasse zwischen dem Fleisch, und mit einer Geflügelschere zerkleinert man das Gerüst und entnimmt die Gräten. Hat man das Gröbste entfernt, so dreht man das Tier um wie einen Handschuh. Die am Rand ungeordnet herausstehenden Gräten mit der Schere so kurz wie möglich stutzen und begradigen. Das Fleisch mit Meersalz und Pfeffer würzen, den Fisch wieder umdrehen und den Fischbauch mit der Schalotten-Sellerie-Apfelmasse füllen.

Die feingehackte Zwiebel in eine große Pfanne streuen, den restlichen Wein angießen und den Fisch darauf betten. Den Kopf dazulegen. Zugedeckt den Steinbutt ca. 4 Stunden in den 180 Grad (Ober-Unterhitze) heißen Ofen geben. Möglichst weit oben, denn die untere Seite des Fischs, die weiße Flanke, ist nur halb so dick wie die obere dunkelgraue mit den Hornhöckerchen. Der Fisch braucht also besonders Oberhitze, damit die dicken oberen Filets gut durchgaren.

NOVAK DA MACHEN DIE ALLES DARAUS. SOGAR CD-PLAYER

DIE JAKUZA UND DAS REISKORN

Novak und Klein sind, wie gesagt, zwei Polizisten aus der Abteilung „organisierte Kriminalität". Sie verfolgen Oskar nun seit Tagen. Nicht nur, weil da noch eine alte Rechnung offen ist (er hat Novak vor einiger Zeit in die Füße geschossen).

Sie spüren auch, daß er abhauen will und ein Umbruch in der Mafiaszene Wiens bevorsteht. So hängen sie Tag und Nacht an Oskars Wagen. Novak spricht in einem fort, über Japan und die Jakuza (Japans Mafia), während Klein nur in sein Notizheft schreibt. Er wird bis zum Ende des Films nicht einen Ton von sich geben. Als er es endlich tut, wird er sofort sterben müssen. Aber dazu später.

Noch observieren sie Oskar und Valentin. Sie sitzen im Auto und beobachten, wie Oskar, kurz danach Valentin, in einen Verlag hineingehen. Novak zeigt Klein ein gebranntes Reiskorn, während er die beiden beobachtet.

NOVAK   Für Japaner ist Bambus irrsinnig wichtig, sag ich dir.
               Reis und Bambus. Da machen die alles daraus. Sogar CD-Player.

               Er schaut vielsagend Klein an. Klein blickt kurz von seinem Notizheft
               auf, nicht sehr beeindruckt.

EXKURS ZUR
ASIATISCHEN KÜCHE

Studiert man die Gerichte japanischer Meisterköche, auch wenn man sich nur Fotos davon einverleibt, es tut sich völliges Erstaunen auf. Die Handfertigkeit dieser Köche ist phänomenal. Vergleiche ich meine Messerkünste mit dieser Fingergeschicklichkeit, so kommt es mir vor, als arbeite ich mit Boxhandschuhen. Wer das sieht, kann auch verstehen, warum ein japanischer Koch im ersten Lehrjahr (von sieben) sich in nichts anderes vertieft als in die Rituale des Messerschleifens. Elegantes Kochen und professionelles Arbeitstempo, verbunden mit selbstsicheren Arbeitsabläufen, können mit den meist stumpfen Messern deutscher Köche nicht erfüllt werden. Das sage ich nur, weil ich immer mit meinen „Waffen" unterwegs bin und täglich an der Filzscheibe stehe, während meine jungen Köche sich zuraunen: „Der Alte" hat eine Messer-Meise.

Erstaunlicherweise wehren sich japanische Köche dagegen, ihr durchaus artifizielles Tun als Kunst zu verstehen. Sie bestehen auf der Tradition ihres Handwerks. Interessant ist mir bei dieser Betrachtensweise, daß die Erzeugnisse des Handwerks bei uns in Europa immer weniger mit Händen gestaltet werden und eigentlich kein Handwerk mehr sind. Der Schreiner, der nicht mit dem CNC-Automaten einen Stuhl zusammenkachelt, sondern mit feinsten Sägen zu Werke geht, ist sehr selten geworden.

Dieses handwerkliche Können kann durchaus als Kunst angesehen werden. In Japan kommt man auf diese Hinterfragungen aber gar nicht. Handwerk hat dort einen ganz anderen Stellenwert. Alles ist in unglaublichem Umfang en detail. Der Tempeldiener, der täglich den Kies mit dem Rechen parallel zieht, ist durch keine Maschine zu ersetzen, denn selbst diese, grob betrachtet, stupide Tätigkeit, kann bei genügend Überlegung zur Artistik werden. Bearbeitete Natur wird Kunst, und diesen Gestaltungswillen können wir getrost aufs Essen erweitern.

Bei meinen Köchen bestehe ich vorwiegend auf Handarbeit, auf handgeschnittenen Juliennes, Zwiebeln etc. Diese pädagogischen Vorgaben werden problemlos eingehalten, da ich alle Maschinen bis auf eine Kitchen-Aid aus der Küche geschmissen habe. Kein Kombidämpfer, kein Steamer, nur die Digitalthermometer für rosa gebratenes Fleisch dulde ich gerade noch. Trotzdem müssen die Sauciers jedes Stück Fleisch mit der Hand auf den Garpunkt erfühlen. Ein Koch darf nur in dem Maße von der Technik abhängig sein, soweit dies unumgänglich ist. Der Bezug zur Natur, zu physikalischen Vorgängen, dieses grundlegende Verständnis wird immer weniger vom Menschen gefordert, da Computerchips das meiste bewältigen. Kein Wunder, daß der noble Anspruch, den früher die handwerklichen Zünfte hatten, den Bach hinunter sind. Nichts gegen Technik, aber die empirisch entwickelte Küchenhandfertigkeit darf trotzdem nicht abhanden kommen.

Nichts erfreut mich mehr, als wenn ich die Augen eines jungen Kochs dann irgendwann einmal glänzen sehe. Er schneidet Rindercarpaccio, und weil die Aufschnittmaschine sowieso stumpf ist, hat er es schließlich gelernt, mit dem großen Messer eine hauchdünne und vor allem gerade Scheibe vom Fleisch zu schneiden. Das hört sich selbstvertändlich an, aber solche Fertigkeiten zählen in der zentraleuropäischen Kochkunst zu aussterbenden Übungen.

Zurück zu den japanischen Küchenritualen. Wenn die Küchenartisten ihr Tagwerk beginnen, werden, wie erwähnt, die Messer geschliffen, eine Stunde jeden Morgen. Einleuchtend, daß der Koch zu seinem Handwerkszeug ein fast eheähnliches Verhältnis entwickelt. Sind die Messer nach Jahren nur noch schmale Stocher und nicht mehr für gastronomisches Florettfechten geeignet, werden sie innerhalb eines buddhistischen Gottesdienstes außer Dienst gestellt, wieder eingeschmolzen und in kleiner Dosis neuem Messerstahl beigefügt.

Küchen- und Tafelkultur sind bei Besinnen auf die Leistungen früherer gastronomischer Vordenker, mit dem Einfluß anderer Kulturen, immer ein geistiges und ästhetisches Abenteuer. Für mich schlichtweg zentraler Kulturbegriff. In der Geschichte der Menschheit wurden in den Küchen mehr innovative Anstrengungen unternommen, als etwa in der so sehr bewunderten Musik oder in den darstellenden Künsten.

Schade, daß ich als Koch und Wirt sozusagen eine Immobilie bin, nicht wegen der hundert Kilo, sondern meines Auftrags wegen, als Vorturner in der Küche. Wie ein japanischer Koch einen Rettich in eine papierdünne, meterlange Rolle schneidet, frei in der Luft, das zu lernen würde mich schon interessieren. Japanisch kochen, Bücher darüber kaufen? Um mich so tief in die Materie reinzuarbeiten wie in meinen schwäbischen Rostbraten, bräuchte ich ein neues Leben, und zum Buddhismus müßte auch noch konvertiert werden.

Wie auch immer, dies auf meine Küche zu übertragen ist nicht möglich. Selbst dann liefe ich Gefahr, nur Epigone zu sein und Plagiate zu servieren. Soviel nur zu den Moden, Trends und der kulinarischen Oberflächensurferei der sogenannten Crossoverküche, in der alle verfügbaren Aromen des Globus miteinander vermengt werden. Warum sprechen wir von Crossover und sagen's nicht auf Deutsch: Kreuz-und-quer-Küche.

Postscriptum:

Als Europäer übernehme ich gerne den Geist, den die japanische Küche der beruflichen Sorgfalt zukommen läßt und so Essen zu einem Kunstwerk gedeiht. Speisen sind ihrer Bestimmung nach vergänglich und äußerst kurzlebig. Mit ästhetischen Attributen versehen, als visueller Eindruck werden sie zu etwas Bleibendem erhoben. Japanische Küche unterwirft sich einem ästhetischen Reglement, das vom Geschmacklichen auf diesem Niveau nicht erreicht werden könnte. Wir sehen, japanische Kochkunst ist stark ritualisiert, deshalb an dieser Stelle auch keine Rezepte darüber. Mit der thailändischen Küche tut man sich leichter. Sie ist eine Mischküche, die sich aus allen Ländern Asiens befruchtete. Auch wenn ich als Profikoch meinen eigenen Weg gehe, der eben nicht nach Asien führt. Asiatisch kochen ist allemal eine interessante Abwechslung an meinen freien Tagen.

SCHARFE THAISUPPE

Für 4 Personen

1	Zwiebel, in grobe Würfel geschnitten
1	kleine Sellerieknolle, in kleine Würfel geschnitten
1	Stange Zitronengras, in feinste Scheibchen geschnitten
1 Liter	Gemüsebrühe
1 Zehe	Knoblauch, feingehackt
1 EL	Ingwer, gerieben
2	Chilischoten, eingeschnitten
3	Kaffirlimonenblätter, in feine Streifen geschnitten
1/2	Stange Lauch, gewürfelt
1/2 TL	Tomatenmark
1	Zitrone (Saft)
	Salz
	Olivenöl

Es gibt in größeren Städten bereits zahlreiche Asia-Läden, man könnte sich also die Originalgemüse für die Suppe kaufen, aber meinem Gefühl entspricht es nicht, wenn frisches Gemüse „Erster Klasse" um unseren Planeten gejettet wird. Auch habe ich an der ökologischen Lauterkeit dieser Ware erhebliche Zweifel. Nehmen wir also getrost Gemüse, das aus dem Boden kommt, auf dem wir stehen. Im Grunde kann man jedes Gemüse hinzugeben, das gerade greifbar ist, entscheidend sind die Kräuter und Gewürze.

Zwiebel und Sellerie in einem Topf mit etwas Olivenöl anschwitzen, mit der Brühe auffüllen und 5 Minuten gut kochen. Dann bis auf den Zitronensaft alle weiteren Zutaten (nur den Lauch nicht) zugeben, gut umrühren und 10 Minuten kochen. Zum Schluß mit Zitronensaft und Salz abschmecken.

Der Reiz asiatischer Gemüsezubereitung liegt in der kurzen Garzeit und dem oft noch harten Biß. Gerade beim Lauch ist es augenfällig. Kocht man ihn länger als 10 Minuten, wird er olivfarben und bekommt auch einen etwas abgestandenen Geschmack. Garen wir ihn kurz und knackig, sieht er herrlich grün und frisch aus und schmeckt eindeutig besser. Entscheidend ist, und das trifft auch auf Frühlingszwiebeln zu, das Gemüse muß im Kern auf etwa 80 Grad durchgegart sein. Die relativ scharfen ätherischen Öle aller Zwiebelgewächse können nicht als bekömmlich bezeichnet werden. Sie haben einen brutalen Charme, der sich vielleicht innerhalb frugaler Geschmacksfreuden, wie man sie bei Wurstsalat lieben kann, zu einem schrillen Vergnügen steigert. Oft ist es aber so, daß man durch zu roh gegessene Zwiebelgewächse, der Lauch zählt auch dazu, einen solchen Feueratem bekommen kann, daß man alle Freude verliert.

ASIATISCH
MARINIERTE ENTE

	Für 4 Personen
1	Zitrone, unbehandelt
1 TL	schwarzen Pfeffer, grob gemahlen
2 EL	Honig
1 TL	Anis, gemahlen
1 TL	Sojasauce
1 TL	Ingwer, gemahlen
2	Kaffirlimonenblätter
2	Entenbrüste
2	große, dicht gewachsene Lauchstangen
2 Knollen	frischer Knoblauch
1 EL	geschälte Mandeln
	Pfeffer
	Salz
	Butter

Von der Zitrone die Schale abreiben und den Saft auspressen. Schale und Saft zusammen mit Pfeffer, Honig, Anis, Sojasauce, Ingwerpulver und Kaffirlimonenblättern in einen Topf geben und 10 Minuten kochen. Dann durch ein sehr feines Sieb passieren.

Die Entenbrüste waschen, trockentupfen, mit der Marinade einstreichen und über Nacht im Kühlschrank ziehen lassen.

Die Entenbrüste auf der Hautseite kreuzförmig einschneiden. In einer Pfanne ohne Fett zuerst auf der Hautseite goldbraun braten (dauert ca. 15 Minuten), dann das Fleisch drehen und noch ca. 10 Minuten auf der Fleischseite braten.

Für das Gemüse den Lauch in schräge, 1,5 cm dicke Scheiben schneiden. In einer Pfanne mit Butter die Lauchstücke zusammen mit den Knoblauchknollen und Mandeln braten. Mit Salz und Pfeffer abschmecken.

Die Entenbrüste aufschneiden und mit dem Lauchgemüse anrichten.

GURKENCURRY

Das Gurkencurry eignet sich als Vorspeise, Zwischengericht und als Begleitung zu Fischgerichten die mit vorherrschenden Gewürzen versehen sind. Wer keine Gurken mag, der nehme einen guten Schweinehals, schneidet diesen in haselnußgroße Würfel und bereite ihn wie die Gurken.

Die Gurken schälen und der Länge nach vierteln. Wenn die Gurken unangenehm große Kerne haben, streift man diese mit einem großen Löffel ab. Die Gurken in 1–2 cm große Würfel schneiden.

Die Schalotten in etwas Olivenöl anschwitzen, Knoblauch und Gurkenstücke zugeben und gut anschwitzen. Dann mit Mehl bestäuben, die Brühe angießen und fünf Minuten mit aufgesetztem Deckel kochen lassen. Den Deckel abnehmen, den Fond ganz einkochen lassen. Zum Schluss Currypaste untermischen und mit Salz abschmecken.

	Für 2 Personen
300 g	Gurken (möglichst kleine Gartengurken)
2	Schalotten, feingehackt
1	Knoblauchzehe, gepreßt
1 TL	Mehl
1/4 l	kräftige Gemüsebrühe
1 EL	rote Currypaste
	Salz
	Olivenöl

ROTE CURRYPASTE

Für 4 Personen

I TL	Koriandersamen
I/2 TL	Kreuzkümmel
I	kleine Chili
I/2	rote Paprika
I TL	Galgantwurzel, gehackt
I EL	Zitronengras, feingeschnitten
I TL	Kaffirlimonenschale, feingehackt
I Zweig	grünen Koriander
I TL	schwarzen Pfeffer
I TL	Garnelenpaste

Normalerweise werden nur Chilis verwendet, um die rote Farbe zu erzeugen, wir haben den größten Teil davon aber durch rote Paprika ersetzt. Koriandersamen und Kreuzkümmel in einer Pfanne anrösten. Chili und Paprika fein würfeln. Dann Koriander, Kreuzkümmel, Chili, Paprika und die restlichen Zutaten in einen Mörser geben und so lange mörsern, bis sich alles zu einer homogenen Paste verbunden hat.

SHAKESPEARE KLINK(T) ENGLISCH

Oskar will seine Pläne mit dem Verkauf von „Secrets" vor Valtentin geheimhalten. Dieser hängt aber „seinem Idol" beständig an den Fersen (wie Novak und Klein an den beiden).

Als Valentin Diana, die Verlegerin, mit Interesse an Oskars Buch, das erste Mal begegnet, verliebt er sich standepede. Und auch sie mag den süßen Jungen, der so gut riecht.

Einstweilen muß er noch im Vorzimmer warten, mit der Auflage, wenn junge Dichter kommen, sie zurückzuhalten, während die beiden ihre Verhandlungen führen.

Während Valentin das Telefonbuch durchblättert, bekommt er Besuch.

Ein nicht mehr ganz junger Dichter (35) mit randloser Brille und wirrer Christoph-Schlingensief-Frisur weht herein. Er trägt ein Baader-Meinhof-T-Shirt und ranzige Cordhosen.

Ihn begleitet eine hübsche Bewunderin (20), die aussieht, als würde sie gerade Abitur machen.

VALENTIN ICH HASSE ENGLISCH. ENGLISCH IST KEINE KULTURSPRACHE.

DICHTER   (Im Tonfall von AFN)
                 Good morning, Vietnam!

                 Valentin antwortet nicht, starrt den Dichter nur mißbilligend an.

DICHTER   Massa nicht auf der Brücke heute?
VALENTIN   Hm?
DICHTER   Sind sie der neue Untermufti?
VALENTIN   Ich bin hier der Lektor für schlechte Literatur.
DICHTER   Ich bin William Shakespeare.
VALENTIN   Was liegt an, Herr Shakespeare?
DICHTER   (zeigt auf seine Tasche)
                 Unsereins hat hier ein geiles Buch
                 geschrieben, Durchlaucht. „Romeo und Julia".
VALENTIN   Sind das Italiener?
DICHTER   Kann man so sagen.
VALENTIN   Ich steck dir was: Italiener sind scheiße.
                 Der Titel ist scheiße. Und Shakespeare klingt englisch.
DICHTER   Eine bemerkenswerte Schlußfolgerung.
VALENTIN   Ich hasse Englisch. Englisch ist keine Kultursprache.
DICHTER   (zu hübscher Bewunderin)
                 Jetzt holen sie ihre Lektoren schon aus der Irrenanstalt.
VALENTIN   Was willst du damit sagen, Arschloch?

                 Der Dichter geht auf die zweite Tür zu.

DICHTER   Vielleicht ist Massa doch da?

                 Wie ein Gepard schnellt Valentin auf, die Hand am Golfschläger.

VALENTIN   Da kommt keiner rein, klar?
DICHTER   Mein Gott, dieser Selbsthaß!
                 Worüber haben sie promoviert?

VALENTIN   Hör auf, mich zu beleidigen!
DICHTER   Jetzt sitzen sie hier als kleiner Verlagswicht und holen sich
                 einen runter, weil's zum Künstler nicht gereicht hat!
VALENTIN   Ich warne dich, Mann!
DICHTER   Ihr Halbintellektuellen seid doch alle gleich! Warmes Plätzchen
                 am Feuer, Bausparen, am Wochenende zum Golfplatz…
                 Kein Funken Kultur im Leib.

WAS MAN ÜBER GUTE UND SCHLECHTE KOCHBÜCHER WISSEN MUSS

Nichts ist vergänglicher als des Koches Werk, auch dann, wenn es mal schwer verdaulich sein sollte. So drängte es die Löffelschwinger seit Jahrhunderten ans Schreibpult, um etwas Unsterblichkeit zu erlangen. Einer, der seinen Beruf und sich selbst sehr ernst nahm, war Guillaume Tirel. Er nannte sich Taillevent, also Schneidewind, und schrieb um 1489 sein berühmtes Werk „Le Viandier".

Bezeichnenderweise nannte er sein Buch nicht „Le Legumier", also nicht Gemüsekoch, ihm ging es ums Fleisch, final um sein eigenes. Herr Schneidewind dürfte als Professioneller ein sehr scharfes Messer verwendet haben, als er dasselbe gegen sich richtete, sich in sein Schlachtermesser stürzte, um der Schmach auszuweichen.

Nicht große Steinbutte, nur mickriges Grobzeug wurde für ein königliches Bankett angeliefert. Er war verzweifelt und am Ende seines Küchenlateins, konnte er doch seinen Herrn und König nicht nach gewohnter Manier zufriedenstellen. Der Mann war ein Versager, denn kleine Fische können köstlich zubereitet werden. Solche Rezepte waren jedoch in seinem Buch offensichtlich nicht aufgeführt. Damals wie heute: Für die Köstlichkeiten im Einkaufskorb findet sich oft nicht das genaue Rezept, vom einem hat man zuwenig, vom anderen zuviel, vom Wichtigsten manchmal gar nichts. Man wird sich als Koch, ob beruflich oder aus privater Neigung, damit abfinden müssen, daß Kochkunst nicht völlig exakt definiert und ausgeführt werden kann, sondern immer den Keim des Kompromisses in sich birgt.

Werktreue, nach exakten Rezepten ausgerichtete Kocherei, birgt oft den Kern des Versagens und der Depression.

Wir Deutschen haben ja einen sprichwörtlichen Perfektionsdrang, den allenfalls der Dreisternekoch erfüllen kann. Es setzt das Maß der Kulinarik, oder sagen wir gleich Artistik. Leider birgt dies Wort auch den Begriff des Artifiziellen. Dies ist genau der Umstand, der mit der Philosophie des Bauches, des Sinnlichen nicht harmonieren will.

Die Sehnsucht des Zeitgeistes, der Drang nach Neuem, ist durch die Trägheit des Bauches, die stockkonservativen Gewohnheiten unserer Eingeweide in die Schranken gewiesen. Das Dilemma dürfte sein, daß die Welt der Technik vom Fortschritt geprägt ist und unser Leib seit Jahrtausenden hinfällig.

Die Welt der Kochbücher und die Verfasser derselben möchten nur zu gerne aus diesem Bannkreis des Unvermögens ausbrechen, und so kommt es zu Neuschöpfungen wie beispielsweise die "Flying Amuse Gueules", ein Riesenwort für einen Riesenblödsinn. Auf kleinen Tellerchen werden durcheinander zwanzig verschiedene Appetithäppchen gereicht, die im Stehen und Laufen eingenommen werden. Kochbücher zu deren Herstellung gibt es momentan unzählige. Doch gutes Essen steht für Entschleunigung, die moderne Welt hingegen befindet sich unter dem Diktat der ständigen Beschleunigung. Im Sitzen zu essen ist nach den Philosophien des Zeitgeistes also völlig out. Man hat in Bewegung zu bleiben. Die Welt der Singles sucht krampfhaften Kontakt, also sind Parties zu zwischenmenschlichen Karussellfahrten degeneriert. Die „People" sind auf der Jagd, wonach ist noch nicht ganz geklärt, denn binden möchte man sich nicht. Im Stehen und Gehen, so cool wie möglich, sucht man auf Parties menschliche Wärme und möchte sich aufeinander zubewegen. Das erinnert an den einsamen Marathonläufer, der sich gerne ein Mädchen anlachen und ihr das Laufen näherbringen wollte, um ihr so näherzukommen. Er war auf dem Trimmdichpfad, aber immer zu schnell, und so verloren sie sich aus den Augen.

Seit der Urmensch von wilden Tieren gehetzt sich seine Beute reinschlang, war es sein Bestreben, in Ruhe mit Weib, Kindern und in schützender Behausung bei friedlichen Gesprächen die Töpfe zu leeren.

Nein, nicht nur sich zu sättigen, sondern den Moment des Essens, das Glücksgefühl eines vollen Bauches zu genießen und dafür zu danken, daß es soweit kam, das waren die Koordinaten, und sie gelten heute noch. Eine gewaltige Kulturleistung wurde vor diesem Hintergrund bewältigt. Sie begann mit liegender Einverleibung bei den Römern, bereicherte uns mit der Grande Cuisine und der entsprechenden Tafelkultur auf feinem Gestühl an weißem Tuch. Klassische Regeln wurden entwickelt und diese in Büchern vor dem Vergessen bewahrt. Verfügt man über eine einigermaßen passable kulinarische Bibliothek, so kann man den Geist vergangener Epochen, der Lebensstile und der kulturellen Leistung gut an Kochbüchern abgleichen. Sucht man heute eine Buchhandlung auf und klopft das Angebot auf kulturhistorische Merkmale ab, so wird einem angst und bang. Um den genießenden Kulturmenschen geht es nur noch in Ausnahmefällen, allenfalls werden in schwülstig-bunten Fotobänden nostalgische Genußoasen abgefeiert. Die Genüsse der Toskana werden da auf gescheuerten Refektoriumstischen ausgebreitet, paradiesische Paellas unter Palmen besungen, oder es locken deutsche Regionalküchen in historischen Gasthäusern. Ein kulinarisches Klein-Hollywood wird da abgevespert, der moderne Way of Life und auch die gute alte Zeit besungen.

Man findet in den unter der Last von überflüssigen Büchern gequält durchgebogenen Regalen brandneue Ware der momentanen Trends. Die Kochbücher der Jungen Wilden, Männer auf verlorenem Posten, denn auch sie werden alt. Junge Köche können meinetwegen gerne aus ihrem subjektiven Erfahrungsbunker dem Novitätenrausch huldigen. Mit ihrem Ungestüm haben sie das Recht, Gewagtes aufs Tischtuch zu bringen, immer wieder ergibt sich schließlich eine interessante Variation. Wirklich Neues? Oft wird zu wenig in alten Büchern gelesen, um zu erkennen, daß Brandneues ein alter Hut sein kann. Zu Zeiten der Nouvelle Cuisine wurde die Erfindung des Sorbets gefeiert, als hätte man einen neuen Stern entdeckt, wenig später mußten sich die Neuerer damit abfinden, daß bereits Kleopatra sich damit ihr Mütchen gekühlt hatte.

Warum also all diese Bücher? Genau, die Verleger gibt es ja auch noch, und deren Maxime rechtfertigt, daß dem Hobbykoch jede Menge Überflüssiges aufs Auge gedrückt wird. Die verlegerische Binsenwahrheit stimmt nach wie vor: Ein gutes Buch ist ein verkauftes Buch. Wirklich frische Ware wird man aus den Kochbuchmüllhalden der drohend vor uns schwärenden Buchmesse allerdings schon ziehen können. Die Crossoverküche ist erst richtig am Anlaufen. Sie bringt in der Tat wirklich Neues. Unzulängliches Wissen um die eigene Kultur arglos vermengt mit der Unkenntnis fremder Kulturen, das ist wirklich angesagt und hat unter Genießern bereits zu dem einen oder anderen Kick geführt. Mit kochender Kreativität hat die multikulturelle Melange aber nichts gemein. Der moderne, meinetwegen supercoole Typ hat auch nur einen heimatlich geprägten Geschmackssinn, wollen hoffen nicht ausschließlich von Mac D. Selbst modernste Zungen orientieren sich an kindlichen Erlebnissen, an Mutters Reisrand, an der Rahmsauce, und sei es nur an seltenen, erinnerungswürdigen Küchenzufällen im elterlichen Haushalt. Vermutlich führen kulinarisch schöne Erinnerungen zu einem Empfindungskanon, der zwar oft durch Moden verdrängt, letztlich aber doch traditionell befriedigt sein will und so Bodenhaftung und menschliche Identität festigt. Nichts gegen fremde Genüsse, aber sie werden auf lange Sicht immer nur als Regulativ, als Gegenpol der regionalen Erfahrung, der eigenen Kultur dienen können. An den momentan aufgelegten Kochbüchern kann man diese These festmachen. Je mehr Rezepte aus fernen Ländern besungen werden, umso kräftiger der Wunsch nach bodenständigen, heimischen Rezepten, nach kultureller Standortbestimmung.

Der kulinarische Ursinn wird momentan mit Macht durch Fit for Fun und den bis zum Irrsinn gefeierten sportlichen Körper, den Altar des Zeitgeistes, auf schwankendes Terrain geschoben. Unsere genießerischen Sinne sind nicht sehr innovationsfreudig. Gutes Essen macht satt und dick, wer nicht jeden Tag holzhackt, wird sich in der zugeführten Menge beschränken müssen. Die Globalisierung unserer Welt wird den Nachdenklichen nicht gegen seine zentraleuropäische Veranlagung beeinflussen können.

LEO GEH
SCHEISSEN
TYSON!

TAUBEN, HUNDE UND KALTE PLATTE

Ein klarer, sonniger Tag. Oskars BMW hält in der Nähe einer großen Trauergesellschaft. Schwarze Limousinen säumen den Weg, und immer mehr Fahrzeuge stoßen hinzu.

Ein Wagen kommt direkt vor dem Friedhofseingang an. Tyson steigt aus. Er richtet den Sitz seines Armani-Anzugs, überprüft mit übertriebener Aufmerksamkeit die Umgebung und hält dann Leo die Tür auf. Leo steigt unsicher aus dem Wagen. Eine leere Wodkaflasche rollt aus dem BMW auf den Weg. Tyson kickt die Flasche unter den Wagen und hilft Leo hoch. Leo trägt, wie die meisten, eine dunkle Sonnenbrille, und sein Anzug sieht nicht nur so aus, als hätte er darin geschlafen. Er stößt Tyson beiseite und schlägt die Tür zu. Aus dem Fond kriecht Barkeeper Tom hervor, an der Leine die Dogge und den Pudel.

Oskar und Valentin nähern sich dem Wagen. Leo und Tyson sehen dies, bauen sich in der Mitte des Weges auf. Dicht voreinander bleiben sie stehen. Leo mustert Oskar von oben bis unten abschätzig.

LEO	Ich liebe dich, Oskar.
OSKAR	Ich liebe dich auch, Leo.

Oskar setzt sich in Gang und geht auf die Friedhofspforte zu. Valentin holt ihn ein.

VALENTIN	Ich will dabei sein, wenn du ihn umlegst.

DIE TRADITION
DES LEICHENSCHMAUS

Der Leichenschmaus ist ein altbewährtes Regulativ, um Trauer, Kummer und mentale Durchhänger zu überbrücken. Das gestandene Gängstermilieu hält ja auf Tradition, auf Bewährtes, und mit Leichen hat man Übung. Man versteht sich auf Rituale, die nicht nur der Trauer, sondern auch der Demonstration von Ansehen, der besonderen Hierarchie, konspirativen Gesprächen und der Planung von Rache dienen.

Ich kenne noch den Ausspruch meiner Großmutter, die von einer „schönen Leich" berichtete. Überhaupt hatte ich den Eindruck, daß das große Fressen, die After Work Party nach dem Friedhofsgang, das Wichtigste war.

Beim Leichenschmaus trifft man sich zum ersten Mal, um über einen Mitmenschen in der Vergangenheit zu sprechen. Über ihn sprechen und auch das Essen, beides dient dem Trost und der Ablenkung. Eine gewisse Würde, wenigstens zu Beginn der Veranstaltung, sollte schon sein. Schließlich soll dem Verstorbenen die letzte Ehre erwiesen werden. Die Toten werden beweint, zuerst mit Tränen, dann mit Wein, Bier und Schnaps. Das kann so weit gehen, daß Tote wiederauferstehen und auf deren Gesundheit getrunken wird. Der Leichenschmaus ist auch der ultimative Zeitpunkt friedlicher Koexistenz, danach kann es schlimm werden. Wehe, wenn das Erbteilen beginnt: Die Harmonie ist schnell dahin.

Beerdigungen sind auch der letzte Nepp, alle wollen nochmal an dieser letzten kommerziellen Chance verdienen, das Beerdigungsinstitut ist dabei in der Pole Position. Die Hinterbliebenen, in Angst vor übler Nachrede und dem Stigma der Knausrigkeit, flüchten sich oft ins Üppige.

Kalte Buffets sind allerdings selten. Was heute dafür gehalten wird, kann man in den meisten Fällen als Brunch gerade noch durchgehen lassen. Auf luxuriösen

Kreuzfahrtdampfern mag das opulente Buffet früherer Feudalzeiten noch gepflegt werden. Kaviar kiloweise, Hummertürme, Krebstorten, alles was selten, gut und teuer ist, darf bei einem Buffet nicht fehlen. Kurzum, eigentlich ist es nicht mehr zeitgemäß.

Zeitgemäß sind kalte Buffets nicht nur, weil sie in vollsatter Art möglichst nur enorm teure Speisen präsentieren. Was sie in der feinen Küche verschwinden ließ, hängt mit dem Arbeitsaufwand zusammen. Bis all die feudalen Platten aufs Herrlichste drapiert sind, können viele Stunden vergehen. Oft ist die Arbeitszeit länger als die Haltbarkeit der Produkte. Der Gardemanager, so nennt sich in der Profiküche der Kaltarbeiter, werkelt er zwei Tage an einer Hummersäule, so wird er sicher einen Augenschmaus abliefern. Zu nahe darf man dem Kunstwerk dann aber nicht kommen, da es sich olfaktorisch bereits einige Meter gegen den Wind bemerkbar macht.

Trotzdem, nichts gegen kalte Platten. Allein wichtig sind frische Produkte von bester Qualität. Auch wenn es sich um Schauplatten handelt und im Showgeschäft alles erlaubt ist, es gilt die Devise: no fakes! Ich erinnere mich noch an meine Lehrlingszeit, als man Schauplatten mit Aspik betonierte und in Ermangelung echter Trüffel mit einem Ersatzprodukt hantierte, das viel Ähnlichkeit mit abgefahrenen Autoreifen hatte.

Bei den folgenden Rezepten geht es überhaupt nicht um Show. Es sind Gerichte dargestellt, die schnell, frisch gefertigt und leicht vorbereitet werden können. Wie gesagt, riesige Krebsplatten, große Chaudfroids von Salm etc., das wollen wir den Kreuzfahrern und etablierten Gängstern überlassen, die sich mit Dutzenden Köchen ans Werk machen, beziehungsweise „arbeiten lassen".

GLASNUDEL-GEMÜSE-SALAT

Die Glasnudeln in viel Wasser 1 Minute kochen und 10 Minuten ziehen lassen, anschließend gut abtropfen.

Karotte und Sellerie putzen, in sehr kleine Würfelchen schneiden, in Salzwasser kurz blanchieren, kalt abschrecken und abtropfen lassen. Tomaten häuten, entkernen und würfeln, Frühlingszwiebeln in feine Ringe schneiden. Glasnudeln und Gemüse in eine Schüssel geben. Tomatenwürfel, Frühlingszwiebeln, Schnittlauch und Petersilie untermischen. Mit Zitronensaft und Sesamöl anmachen und mit Salz, Pfeffer und Zucker abschmecken.

Für 4 Personen

70 g	Glasnudeln
1	Karotte
1/4	Sellerieknolle
2	Tomaten
1/2 Bund	Frühlingszwiebeln
1/2 Bund	Schnittlauch, feingeschnitten
1/2 Bund	Petersilie, feingeschnitten
1–2 EL	Zitronensaft, frisch gepreßt
2–3 EL	Sesamöl
	Salz
	Pfeffer
	Zucker

ELSÄSSER FLEISCHTORTE

Für 4 Personen

1 Bund	Blattpetersilie
1	Zwiebel, feingeschnitten
150 g	Schweinebauch, gehackt
150 g	Schweineschulter, gehackt
1/4 l	Milch
1	Ei
1 TL	Paprikapulver, mild
1 EL	Meerrettichsenf, scharf
1 EL	Majoran
1 EL	Gemüsebrühepulver (Instant)
250 g	Blätterteig
1	Eigelb
1 EL	Sahne

schwarzer Pfeffer
Salz
Muskat
Butter

Wer durchs Elsaß fährt, der kann unschwer erkennen, daß in diesem Landstrich deftiges Essen geschätzt wird. In gewisser Weise pflegt man dort Sitten und Gebräuche in einer retrospektiven, sehr deutschen Art. So bezeichnen die Pariser den urigen Volksstamm an den Hängen der Vogesen durchaus abwertend als Deutsche. Sie essen auch mehr Sauerkraut als jenseits des Rheins die „Krauts". Genauso schlimm empfinden es die sogenannten Wackes, wenn wir sie Franzosen nennen. Kein leichter Stand mit dieser Grätsche, das Sauerkraut zu stampfen.

Die Elsäßer, und das kann man sich merken, sind beides nicht, nicht deutsch und nicht französisch. Eläßer sind Elsäßer, also Alemannen, und natürlich eins mit den Menschen, die am anderen Ufer des Rheins siedeln. Dort hocken die badischen Alemannen, die sich mit den Württembergern und Restdeutschland, nicht ohne Grund, genauso schwertun wie die Elsäßer mit den Franzosen.

Die Fleischtorte stellt einen wirklichen Crossover dar, sie ist die Verbindung der französischen Pastete mit dem sehr deutschen Duft des Majorans, dem olfaktorischen Treibstoff der Blut- und Leberwürste.

Die Petersilie mit Stiel durch die grobe Scheibe des Fleischwolfs drehen bzw. sehr fein hacken. Die Zwiebel in einer Pfanne mit Butter anschwitzen. Hackfleisch mit Petersilie, abgekühlten Zwiebelwürfelchen, Milch, Ei, Paprikapulver, Senf, Majoran, Gemüsebrühepulver, Pfeffer, Salz und etwas Muskat in eine Schüssel geben und mindestens 10 Minuten gut durchkneten.

Eine runde Kuchenform (Durchmesser ca. 26 cm) ausfetten. 2/3 des Blätterteigs ausrollen und die Kuchenform damit auslegen. Die Hackfleischmasse gleichmäßig darauf verteilen. Den restlichen Teig ausrollen, in die Mitte ein 2 cm großes Loch.

KANINCHENSÜLZE

Für 2 Personen

1/2	Kaninchen
1/2 l	Fleischbrühe
3 Blatt	Gelatine
1 Zweig	Thymian, feingehackt
1/2 Bund	Petersilie, feingehackt
1 Stange	Lauch
1 TL	Essig

Für die Vinaigrette:

1 EL	Balsamico
2 EL	Sherry
2 EL	Schnittlauchröllchen
1 TL	Waldhonig
8 EL	Olivenöl, kaltgepreßt

Salz
Pfeffer
Frischhaltefolie

Das Kaninchen entbeinen und das Fleisch mit der Knoblauchzehe in der Fleischbrühe weichkochen. Das Fleisch aus der Brühe nehmen, erkalten lassen und in Stücke schneiden. Die Fleischbrühe auf 1/4 Liter reduzieren. Die Gelatine in kaltem Wasser einweichen. In der heißen, aber nicht mehr kochenden Brühe die Gelatine auflösen, Thymian und Petersilie untermischen.

Lauch in 10 cm lange Stücke schneiden, in Salzwasser blanchieren, in kaltem Wasser abschrecken und in kleine Stücke schneiden. Dann in eine Schüssel geben, mit Pfeffer und Salz würzen und mit etwas Gelatinebrühe benetzen. Das Fleisch in einer zweiten Schüssel mit der restlichen Gelatinebrühe vermischen und mit etwas Essig abschmecken.

Eine Terrinenform mit Klarsichtfolie auslegen und abwechselnd mit einer Schicht Kaninchen und Lauch füllen. Mit der überhängenden Folie abdecken, ein Brett und ein Gewicht darauf legen und im Kühlschrank über Nacht fest werden lassen.

Zum Servieren aus der Form nehmen, Folie abziehen und in Scheiben schneiden. Mit einer Vinaigrette aus Balsamico, Sherry, Schnittlauch, Honig und Olivenöl, abgeschmeckt mit Salz und Pfeffer, servieren.

Wo kauft man ein Kaninchen? Wer sich für seine Ernährung etwas Zeit nimmt, wenigstens mehr als fürs Autoputzen, der sollte es sich zur Angewohnheit machen, die örtlichen Wochenmärkte zu erkunden. Ich finde dieses Umherstromern schöner als so manchen Kinobesuch, ganz zu schweigen vom drögen TV-Zappen.

In Deutschland ist feilschen nicht üblich, selbst auf Wochenmärkten nicht. Schauen wir uns in Italien, Frankreich und in Spanien um, so wird auch dort kaum gefeilscht. Bietet ein Händler gute Ware, dann wird das auch respektiert. Was nach Feilscherei aussieht, sind meistens Gespräche über die Herkunft der Ware, wie sie beim Kochen reagiert, welche Erfahrungen andere Käufer gemacht haben. Diesbezüglich müssen wir uns in Deutschland noch mehr trauen. Oder müssen wir es erst wieder lernen, weil es uns in den Supermärkten abhanden kam?

Fragen Sie, zeigen Sie Interesse, der Händler wird sich freuen. Freilich kann man sich mit einer Warteschlage hinter sich keine Messe lesen lassen, trotzdem, ein kurzer Austausch macht Sie erst zu einem guten Kunden. Ist der Händler muffig, so ist das ganz normal. Wer gute Ware hat, der weiß das und wird selten marktschreierisch für seine Ware werben. Andererseits, wenn Händler und Verkäufer das Interesse ihrer Kunden partout nicht befriedigen, dann muß man sich woanders umsehen.

CARPACCIO VON LACHS MIT KALTGEPRESSTEM OLIVENÖL UND LIMETTENSAFT

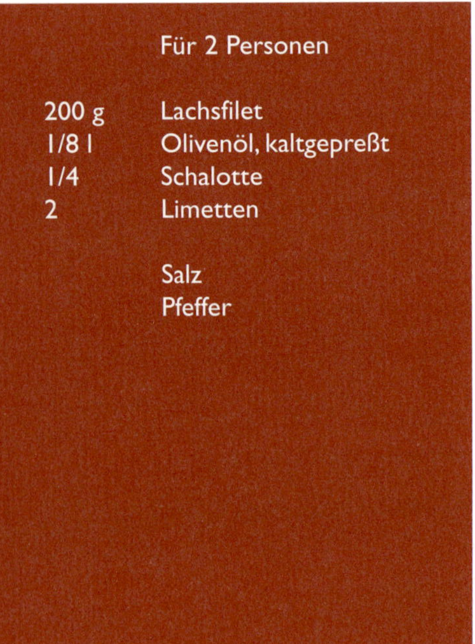

Lachsfilet in hauchdünne Scheiben schneiden und diese gleich auf die Teller legen. Mit Salz und Pfeffer würzen.

Olivenöl in einen kleinen Becher geben, ein Viertel Schalotte und den Saft der Limetten darunter mixen. Den aufgeschnittenen Lachs damit beträufeln und mit dem Löffelrücken gleichmäßig verteilen.

Es ist darauf zu achten, daß der Lachs nicht im üblichen Sinne mariniert wird, das heißt, Öl und Limettensaft sollten nicht ins Fleisch des Fisches einziehen. Der Limettensaft bewirkt nämlich eine unschöne farbliche Ausbleichung des Gerichts.

Variante mit Lachs und St. Petersfisch

Lachs und St. Petersfischscheiben übereinander legen, plattieren, in Gefrierbeutel rollen und einfrieren.

In gefrorenem Zustand mit der Aufschnittmaschine dünn aufschneiden. Wie obiges Carpaccio würzen.

PEPERONATA
MIT ZUCCHINI

Peperonata sind Paprika auf italienische Art im Ofen geröstet und in Olivenöl eingelegt. Eine einfachere Zubereitung ist das Braten in der Pfanne.

Paprika und Zucchini putzen und in ein Zentimeter große Würfel schneiden. Die Zwiebel grob würfeln. In einer Pfanne mit Olivenöl die Paprikawürfel rösten bis sie braun werden, dann Zwiebel- und Zucchiniwürfel zugeben, anschwitzen und mit der Gemüsebrühe ablöschen. Oregano untermischen und die Brühe vollständig einkochen lassen. Mit Salz und Pfeffer würzen und abschmecken. Öl zum Einlegen aufgießen und erhitzen.

	Für 2 Personen
4	Paprika, verschiedenfarbig
I	Zucchini
I	Zwiebel
1/4 l	Gemüsebrühe
I TL	Oregano
1/8 l	Olivenöl zum Einlegen
	Pfeffer
	Salz
	Olivenöl zum Anbraten,
	Marmeladegläser mit
	Twist-Off-Deckel

In heiß ausgespülte Gläser alles heiß abfüllen, mit einem Twist-Off-Deckel dicht verschließen und abkühlen lassen.

Im Kühlschrank kann man die Gläser ca. 2 Wochen aufbewahren.

MANGOLDKUCHEN

Mehl, Quark, Butter und eine Prise Salz auf ein Backbrett geben und mit einem großen Messer vermischen und durchhacken. Erst möglichst spät mit den Händen zu einem glatten Teig kneten. Die Teigkugel in Folie wickeln und eine Stunde kaltstellen. Mangold waschen, die Strünke entfernen, die Blätter eng zusammenrollen und in feine Streifen schneiden. Borretsch ebenfalls schneiden. Die Zwiebelringe in einer Pfanne mit Olivenöl anschwitzen, Mangold und Borretsch zugeben und zusammenfallen lassen. Parmesan, Ricotta und die Eier gut vermischen, gedünsteten Mangold, Petersilie und Majoran zugeben, mit Salz, Pfeffer und Muskat würzen. Auf einer bemehlten Arbeitsfläche den Teig ein Zentimeter dick ausrollen, halbieren und übereinander legen. Den Teig nochmal ausrollen, wieder übereinander falten und anschließend ungefähr 3 mm dick ausrollen.

Eine Springform ausbuttern und mit dem Teig auslegen. Auf den Teig Backpapier legen, mit Linsen füllen und im Backofen bei 180 Grad ca. 15 Minuten blind backen. Anschließend die Linsen mit Hilfe des Backpapiers ausschütten und für späteres Blindbacken in einer Blechdose lagern. Die Mangoldmasse auf den Teig geben und den Kuchen im auf 180 Grad (Ober-Unterhitze) vorgeheizten Ofen auf der untersten Schiene ca. 45 Minuten backen.

RUSSISCHE EIER

Die Eier hartkochen. Rote Bete in der Schale weichkochen, Kartoffel ebenfalls. Karotte, Sellerie und Petersilienwurzel in kleine Würfel schneiden, blanchieren, kalt abschrecken und abtropfen lassen. Gekochte Rote Bete und Kartoffel schälen und in kleine Würfel schneiden. Essiggurke würfeln. Kopfsalatblätter im Ganzen waschen und gut abtropfen lassen. Die Kapern feinhacken.

Für die Mayonnaise die Hälfte der Kapern mit Kapernsaft, Senf und Eigelb verrühren. Das Öl ganz langsam unter Rühren zugeben, bis die Mayonnaise die gewünschte Konsistenz hat. Mit Pfeffer und Salz abschmecken.

Das gewürfelte Gemüse und die restlichen Kapern mit etwas Mayonnaise anmachen.

Die Teller mit den Kopfsalatblättern auslegen, darauf das angemachte Gemüse geben. Die Eier schälen, halbieren und mit der Rundung nach oben darauf geben, mit Mayonnaise überziehen und mit etwas Lachskaviar verzieren.

Für 2 Personen	
4	Eier
1	Rote Bete
1	Kartoffel
1	Karotte
1/4	Sellerieknolle
1	Petersilienwurzel
1	Essiggurke
1/2	Kopfsalat
1 EL	Kapern
1/2 EL	Kapernsaft
3 EL	Dijon-Senf
3	Eigelb
ca. 1/2 l	Sonnenblumenöl
etwas	Lachskaviar
	Salz
	Pfeffer

EINGEMACHTES PERLHUHN

<table>
<tr><td colspan="2">Für 4 Personen</td></tr>
<tr><td>1</td><td>Perlhuhn</td></tr>
<tr><td>1</td><td>Zwiebel</td></tr>
<tr><td>1 Bund</td><td>Suppengemüse</td></tr>
<tr><td>1</td><td>Lorbeerblatt</td></tr>
<tr><td>6</td><td>Pfefferkörner</td></tr>
<tr><td>3 Blatt</td><td>Gelatine</td></tr>
<tr><td>6</td><td>Schalotten, feingehackt</td></tr>
<tr><td>1</td><td>Knoblauchzehe, gepreßt</td></tr>
<tr><td>1/2 Bund</td><td>Blattpetersilie,
feingehackt</td></tr>
<tr><td>1/8 l</td><td>Lemberger</td></tr>
<tr><td>1 Zweig</td><td>Thymian</td></tr>
<tr><td></td><td>Salz</td></tr>
<tr><td></td><td>Pfeffer</td></tr>
<tr><td></td><td>Olivenöl</td></tr>
<tr><td></td><td>Butter</td></tr>
<tr><td></td><td>Frischhaltefolie</td></tr>
</table>

Das Perlhuhn vollständig entbeinen, die Knochen kleinhacken und mit ca. 1 Liter Wasser und etwas Salz aufsetzen und zum Kochen bringen. Den Schaum immer wieder abschöpfen, aber nicht umrühren. In der Zwischenzeit die Zwiebel grob würfeln, das Suppengemüse putzen und grob schneiden.

Zwiebel, Gemüse, Lorbeerblatt und Pfefferkörner zu den Knochen geben und die Brühe bei sehr schwacher Hitze ca. 1 Stunde köcheln lassen. Dann die Brühe erst durch ein Sieb und anschließend durch ein dünnes feuchtes Baumwolltuch passieren. In einen Topf geben, auf 1/8 l einkochen lassen und abschmecken.

Das Perlhuhnfleisch in 2 cm große Stücke schneiden, pfeffern und salzen. In einer heißen Pfanne mit Olivenöl anbraten und dreiviertel durchgaren, auf ein Sieb geben und warmstellen.

Die Gelatine in kaltem Wasser einweichen. Die Schalotten in reichlich Butter anschwitzen, Knoblauch und Petersilie zugeben. Mit dem Lemberger ablöschen, reduzierten Fond angießen, vom Herd ziehen und die eingeweichte Gelatine darin auflösen. Mit Thymian und Salz abschmecken. Die Fleischstücke zugeben und alles lauwarm abkühlen.

Eine Terrinenform o. ä. mit einer Frischhaltefolie auslegen, alles einfüllen, mit der Folie verschließen, mit einem Brettchen und einem Gewicht beschweren. Einen Tag im Kühlschrank fest werden lassen. Zum Servieren aus der Form stürzen, die Folie vorsichtig abziehen und in Scheiben schneiden.

GRÜNE PFIFFERLINGSSÜLZE

Für 4 Personen

2	Schalotten, feingehackt
2 l	Fleischbrühe
4	Kalbsfüße, kleingehackt
1/2	Knoblauchzehe
1 Zweig	Petersilie
10 ml	Balsamico
2	Hand voll Blattspinat
700 g	frische Pfifferlinge

Salz und Pfeffer
aus der Mühle
Olivenöl zum Anbraten
Klarsichtfolie

Eine fein geschnittene Schalotte in etwas Olivenöl glasig dünsten, mit der Fleischbrühe ablöschen, die Kalbsfüße dazugeben und so lange kochen, bis die Flüssigkeit auf die Hälfte eingekocht ist. Dann durch ein Sieb passieren, wieder auf den Herd geben, Knoblauch, Petersilie, Salz und etwas Pfeffer aus der Mühle hinzugeben. 10 Minuten kochen lassen, anschließend vom Herd nehmen, Balsamico hinzugeben und abkühlen lassen.

In der Zwischenzeit den Spinat blanchieren, kurz in kaltem Wasser abschrecken und gut ausdrücken. Die Sulzbrühe mit dem Spinat mixen und dann durch ein Haarsieb passieren.

Die Pfifferlinge putzen (möglichst nicht waschen), große eventuell halbieren und zusammen mit der übrigen Schalotte und etwas Olivenöl anschwitzen. Die Pfifferlinge mit einem Sieblöffel herausnehmen, den entstandenen Saft etwas einkochen, passieren und zur Sulzbrühe geben. Eine längliche Terrinenform von ca. 1,5 l Inhalt mit Klarsichtfolie auslegen, die Pfifferlinge einfüllen und in den Kühlschrank stellen. Die Sulzbrühe zugeben, wenn diese zu gelieren beginnt, umrühren, bis die Pilze gut verteilt sind, und mit Klarsichtfolie gut verschließen. Mindestens einen Tag im Kühlschrank ruhen lassen. Zum Servieren stürzen, Folie abziehen und in beliebig dicke Scheiben schneiden. Mit einer Sauce Vinaigrette servieren.

Am besten richtet man die Sülze auf einem Salatbukett an, das auch mit Vinaigrette angemacht ist. Für die Vinaigrette verwende ich am liebsten Olivenöl, etwas Essig oder Zitronensaft, Salz, Pfeffer und feingeschnittene Kräuter wie Schnittlauch, Petersilie, Pimpinelle und Borretsch.

OSKAR LEHMIG IM ABGANG UND DOCH NICHT SANDIG.

EXPLOSIVES GEMISCH VON WEIN UND COLA

Die Beerdigung ist vorbei, Leo und Oskar haben verbal bereits die Klingen gekreuzt, und die Mitglieder der „Familie" haben sich über das von Oskar angerichtete Buffet hergemacht.

Nur Konstantin Daschajev, der Mafia-Pate Wiens, haben sich in die Bibliothek seines Hauses zurückgezogen. Sie haben einen der guten Rotweine des hauseigenen Kellers geöffnet.

Bildfüllend ein Weinglas. Die Flüssigkeit im Glas wird durch das Licht der Sonne in ein sattes Rot getaucht. Oskar sitzt in einem riesigen Ohrensessel und prüft die Farbe des Weins, in dem er das Glas gegen das Licht hält. Ihm gegenüber steht Konstantin vor einem mannshohen Fenster und hält ebenfalls ein volles Glas in der Hand. Von draußen hört man gedämpft die Stimmen der Trauergäste, Gläser- und Geschirrgeklappere.

Schließlich nimmt Konstantin einen Schluck, schluckt langsam hinunter.

KONSTANTIN   Es gibt Dinge, die dürfen nicht beschädigt werden.
                    Loyalität und Vertrauen.
                    Du wirst Leo bestrafen!
OSKAR   Wenn du es befiehlst…
KONSTANTIN   Ich befehle es dir nicht… ich gestatte es dir!
OSKAR   Danke, Konstantin.

                    Oskar steht auf, will zur Tür.

KONSTANTIN   Ich habe nicht gesagt, daß du gehen darfst.
KONSTANTIN   Wenn du alles erledigt hast…, dann darfst du gehen.

                    Er öffnet die Flügeltüren des Wandschranks und nimmt eine weitere Weinflasche aus dem eingebauten Regal. Er reicht Oskar die Flasche.

KONSTANTIN   Wenn die Sache vorbei ist, dann hast du meinen Segen,
                    mit deinem Leben zu machen, was immer du willst.

OSKAR   Noah hat keinen Weinberg gepflanzt.
KONSTANTIN   Was?
OSKAR   Der Berg Ararat liegt im armenischen Hochland.
                    Dort wachsen keine Trauben.

VOM WEIN, WIE MAN IHN PROBIERT UND DABEI QUALITÄT UND FEHLER ERKENNT

Durch lange Supermarktregale winden sich Reihen bunter Weinflaschen wie riesenhafte Pythons. Mit raffinierten Fangmethoden fesseln die Weinpythons ihre Opfer. Jede einzelne ihrer bunt schillernden Schuppen in Flaschenform fleht verzweifelt: nimm mich! Eine ist verführerischer als die andere. Die Verheißungen der Weinpythons zermalmen einem mit ihren vagen Versprechungen das Hirn. Soll ich die dunkle Schönheit aus Tunesien nehmen oder den feurigen Spanier, vielleicht doch lieber den süßen Nacktarsch aus Kröv? So mancher fühlt seinen Schädel vor Anstrengung bersten.

Eisern umschließt die verzweiflungsstarke Faust den schlanken Hals der Auserwählten. Während die Flasche, nun aus der Masse hervorgehoben, mit neuen und noch märchenhafteren Versprechungen um die Gnade des Korkenziehens bettelt, martern die Zweifel weiter.

Wie gut ist der Wein tatsächlich? Wie kann man Gewißheit erlangen, daß die Flasche in den Händen am Abend auch wirklich die Gäste beeindrucken wird? Auf dem Rückenetikett stehen die Attribute „feurig", „samtig", „klare Frucht" und „edel". Vielleicht ist ihr Inhalt trotzdem nichts weiter als eine müde Plörre? Die mitleidig lächelnden Gesichter der Gäste erscheinen vor dem inneren Auge. Sie fragen fordernd: „Und jetzt?" Wie Hyänen werden sie sich anschließend die Mäuler zerreißen.

Ein kurzes Nachdenken genügt, um den schwersten Fehler, den man beim Weinkauf begehen kann, zu vermeiden. Bloß keine Billigware nehmen! 1,99-Euro-Weine schmecken auch wie 1,99 Euro. Billigweine entstehen aus minderwertigen Trauben. Damit sie einigermaßen genießbar werden, werden ihre geschmacklichen Makel mit dicken Schichten greller Schminke überzogen. Die Halbwertszeit des hastig aufgelegten Make-ups ist meist so kurz, daß nach seinem Abblättern häßliche Fratzen geschundener Reben aus dem Glase starren. Es folgt nicht nur geschmackliches, sondern auch körperliches Unbehagen. Kopfschmerz und morgendliche Startschwierigkeiten sind nämlich nicht nur Anzeichen überschätzter Aufnahmefähigkeit, sie weisen auch auf mangelhafte Qualität der genossenen Weine hin.

Ungefähr bei 3,50 Euro liegt die unterste Toleranzschwelle für einigermaßen akzeptable Weine. Deutlich besser werden die Qualitäten schon ab 5 Euro. Es hat überhaupt nichts mit Snobismus zu tun, wenn man die Billigware ablehnt. Weinproduktion läßt sich nur in sehr geringem Umfang rationalisieren. Jedem Preisnachlaß geht deshalb eine Qualitätsminderung voraus. Falls nicht die Mittel für eine gute Flasche vorhanden sind, ist es besser, ein gutes Bier statt eines miesen Weins zu trinken.

Doch wie sieht eine ordentliche Flasche aus, wie kann man die Qualität des Weines von außen erkennen? Auf diese Frage gibt es leider nur eine frustrierende Antwort:

Grundsätzlich ist es nicht möglich, die Qualität des Weines von außen festzustellen. Daß die Wahrheit im Wein liegt, kann durchaus möglich sein, auf Weinetiketten macht sie sich jedoch rar. So darf sich zum Beispiel jeder beliebige Qualitätswein (Appellation Contrôlée oder AOC) aus Frankreich „Grand Vin" (Großer Wein) nennen. Auch bei den deutschen Weinen wird großzügig mit Prädikaten umgegangen. Ein guter Teil der „Qualitätsweine bestimmter Anbaugebiete" kann bestenfalls als gesundheitlich unbedenklich bezeichnet werden. Von hoher Qualität zu sprechen, wäre vermessen.

Lassen Sie sich deshalb nicht von Etiketten täuschen. Je auffälliger Etikett und Flasche gestaltet sind, desto skeptischer muß man werden. Blaues Glas, ausgefallene

Flaschenformen und aufwendige Etiketten sind ziemlich sichere Hinweise, daß mehr Geld und Grips in die Vermarktung eines Weines geflossen sind als in dessen Produktion.

Ist die Flasche erst einmal zu Hause angekommen, wird sie meist innerhalb weniger Stunden geleert.

Die Temperatur des Weines spielt dabei eine wichtige Rolle für den Genuß. Weißweine schmecken am besten bei 8°C – 12°C (drei bis vier Stunden im Kühlschrank genügen, ihn auf die richtige Temperatur zu bringen). Sekt, Champagner und Prosecco schmecken auch noch gut, wenn sie etwas kühler getrunken werden. Die idealen Temperaturen für Rotweine liegen zwischen 16°C und 18°C. Zimmerwarme Rotweine (21°C und mehr) erhalten die richtige Temperatur, wenn man sie etwa eine Stunde vor dem Servieren in den Kühlschrank stellt. Ganz junge und fruchtige Rote wie Beaujolais oder Trollinger können sogar noch kühler getrunken werden.

Nachdem der Korken gezogen ist, naht der Moment der Wahrheit.

Jetzt endlich kann die Qualität des Weines festgestellt werden. Die Gläser sind maximal zur Hälfte gefüllt, denn der Wein muß genügend Raum zur Entfaltung seines Dufts erhalten. Dazu braucht er Bewegung. Er wird mit kreisenden Bewegungen im Glas herumgewirbelt, damit sich möglichst viele Aromen aus dem Flüssigkeitsverbund lösen können. Die Aromen werden im Raum zwischen Wein und Glasrand gefangen. Weingläser sollen zum Rand hin schmaler werden, sie bilden die Form einer geschlossenen Tulpenblüte nach. Bei ausladenden Glasformen entweichen die Aromenmoleküle zu schnell aus dem Glas. Nun ist die erste Duftprobe fällig. Für den Erfolg ist die richtige Technik ausschlaggebend.

Nur wiederholtes Schnüffeln garantiert ein intensives und lang anhaltendes Geruchserlebnis.

Die erste Aussage zur Qualität kann von jedem getroffen werden. Es geht ganz ohne Vorkenntnisse: Riecht gut/riecht nicht gut. Wenn der Wein gut riecht, kann man versuchen, einzelne Aromen im Duft ausfindig zu machen. Häufige Aromen von Weißweinen sind Apfel, Birne, Pfirsich. Aber auch der Geruch von Stachelbeeren, frisch gemähtem Gras, von Honig und vielem anderen kann enthalten sein. Rotweine duften oft nach Kirschen und Beerenfrüchten. Alte Exemplare können das Aroma frischer Pilze besitzen, sogar der wohlige Geruch des herbstlichen Waldes ist bisweilen wahrnehmbar.

Riecht er nicht gut, können viele verschiedene Ursachen zugrunde liegen. Vielleicht besitzt er einen ausgeprägten Charakter und ist dadurch einfach ein bißchen gewöhnungsbedürftig. Bei Supermarktweinen ist der ausgeprägte Charakter schon beinahe ausgeschlossen. Dort werden meist Weine verkauft, die den Geschmack der breiten Massen treffen. Vielleicht erinnert der Geruch an einen muffigen, schlecht gelüfteten Keller. Dann liegt eventuell ein Korkproblem vor. Ein simpler Test kann Gewißheit schaffen. Einfach etwas Wasser in den Wein schütten. Das Korkaroma tritt durch die Zugabe von Wasser stärker in Erscheinung. Der Wein kann natürlich nur nach Korken schmecken, wenn seine Flasche tatsächlich mit einem Korken verschlossen war. Flaschen mit Kronkorken oder Schraubverschluß kennen das Korkproblem ebenso wenig wie solche mit Kunstoffkorken. Weine mit Korkschmecker sind verdorben. „Ein bißchen korkig" ist genauso schlecht wie „ganz schön korkig". Übrigens wird ein Wein nicht korkig, wenn beim Öffnen der Flasche etwas Korkmaterial in den Wein bröselt.

Riecht der Wein muffig, scheint aber kein Korkproblem zu haben, hilft nur eins: belüften. Dazu einfach den Wein in eine Karaffe oder in einen Krug schütten. Das kann bei jungen Weinen ruhig ziemlich heftig geschehen. Ältere Exemplare wollen allerdings vorsichtiger behandelt werden. Schon nach wenigen Minuten sollte sich der Wein zu seinem Vorteil verändern.

Nach dem Geruchstest folgt der Probeschluck.

Auch hier stellt sich zuerst die einfache Frage, die wirklich jeder beantworten kann: Schmeckt er oder nicht? Darüber hinaus wird es schon ein bißchen komplizierter. Ganz ohne Theorie geht es leider nicht.

Der Geschmackssinn kann fünf verschiedene Wahrnehmungen unterscheiden, die fast ausschließlich an der Zunge registriert werden:

1.   Süß (an der Zungenspitze)

2.   Sauer (an den vorderen Zungenrändern)

3.   Salzig (an den hinteren Zungenrändern)

4.   Bitter (am Zungengrund)

5.   Umami, der Eigengeschmack von

        Geschmacksverstärkern wie Glutamat,

        ist erst vor einigen Jahren erkannt worden

        (im Zentrum der Zunge)

Natürlich ergibt die Summe der fünf Geschmackswahrnehmungen noch kein komplettes Geschmacksbild. Temperaturempfindungen und chemische Reize, zum Beispiel Schärfe, spielen wichtige Rollen. Aber auch der Tastsinn trägt wesentlich zum Geschmacksbild bei. Ob ein Wein dick wie Öl über die Zunge fließt oder die Zähne pelzig macht, wird von Sinneszellen im ganzen Mundraum gemeldet.

Wenn man starken Schnupfen hat, sind die Geschmackseindrücke an diesem Punkt beendet. Dieses Problem kennt jeder: Man schmeckt einfach nichts. Weit gefehlt, denn trotz Schnupfens können alle Geschmackswahrnehmungen perfekt registriert werden. Es klappt nur mit dem Riechen nicht.

Das Riechen trägt nämlich genauso zum Geschmacksbild bei wie die bereits behandelten Wahrnehmungen. Während eines Schnupfens wird die Verbindung zwischen Rachen- und Nasenraum (retronasaler Gang) durch geschwollene Schleimhäute blockiert. Ist die Bahn frei, gelangen die Aromen durch den retronasalen Gang zum Riechzentrum, und die resultierenden Eindrücke werden einfach dem Geschmack zugeordnet. Damit die Aromenwahrnehmung so intensiv wie möglich ausfällt, schlürfen die professionellen Weintester Luft beim Probieren ein. So werden, genau wie beim Schwenken des Glases, mehr Aromenmoleküle frei.

Die Geschmacksvorgänge werden von den Fachleuten in drei Phasen unterteilt:

Anklang, Mittelstück, Nachhall.

Letztere wird auch gern Abgang oder Schwänzchen genannt. Er ist der letzte Eindruck des Weines und wird vom Moment des Schluckens an gemessen. Der Nachhall ist ein wichtiger Hinweis auf die Weinqualität. Je länger er andauert und je reintöniger er ist, desto höher ist die Weinqualität einzuschätzen. Die beiden

süß
sauer
salzig
umami
bitter

ersten Phasen sind eher für Weinprofis von Bedeutung. Für den Hausgebrauch müssen sie nicht unbedingt beachtet werden. Grundsätzlich kommt es darauf an, daß ein Wein von angenehmem Geschmack ist und reintönig daherkommt. Reintönig heißt, daß der Wein frei von Fremdgeschmäkern und Fremdaromen ist.

Selbst bei der unerschöpflichen Vielfalt der Weine und ihrer Geschmacksnuancen gibt es einige Komponenten, die einfach nicht vorkommen sollten. Eine davon ist Schwefelgeruch und -geschmack. Wer nicht weiß, wie Schwefel riecht, kann an einem Zündholz schnuppern oder auf den Geruch beim Anzünden achten. Das beißende, den Atem stockende Etwas – das ist der Schwefel. Wird er im Wein deutlich wahrnehmbar, ist Vorsicht angebracht. Es ist nicht nur seine Konzentration im Wein, die den Genuß vermiest, sondern vielmehr die Tatsache, daß es sich dann meist um einen problematischen Wein handelt, der mit sehr hohen Schwefeldosen stabilisiert werden mußte. Je höher die Weinqualität, desto geringer kann die Schwefelgabe ausfallen. Süßweine bilden allerdings eine Ausnahme. Sie werden generell stark geschwefelt, damit sie nicht in der Flasche nachgären.

Wenn der Wein auch nur im Entferntesten nach Nagellackentferner, Klebstoff oder Lösungsmittel riecht, sollten Sie einen Bogen um ihn machen.

Kopfschmerz ist die häufige Folge des Genusses solcher Kandidaten. Diese Aromen entlarven Nebenprodukte der Essigbildung. Daß Essiggeruch verdorbene Weine kennzeichnet, ist Allgemeinplatz. Selbst die Experten streiten darum, ob Wein nach Holz- oder Eichenfaß schmecken soll. Die Mehrheit der Weinprofis meint jedenfalls, daß, wenn überhaupt, höchstens ein Hauch von Eiche über dem Wein wehen sollte. Vordergründige Holz- und Vanilledüfte übertünchen den Eigengeschmack der Weine und wirken als globale Gleichmacher. Viele Weine mit intensiven Eichenholznoten sind nicht einmal in die Nähe von Weinfässern gekommen, sondern wurden mit Eichenspänen oder sogar mit künstlichen Aromen manipuliert.

Ein guter Wein sollte fruchtig sein und seine Herkunft wie auch seine Rebsorte(n) repräsentieren. Daß Fruchtaromen wie auch die lokalen Besonderheiten dabei nicht überhand nehmen sollten, gehört zum guten Ton. Wenn der Wein vorlaut wird, ist der Spaß schnell dahin. Am Anfang kann so eine extreme Ausprägung unter Umständen reizvoll sein, es stellt sich aber schnell Langeweile ein. Der Genuß eines wirklich guten Weines ist nur selten Liebe auf den ersten Schluck.

Guter Wein muß anregen.

Es muß Spaß machen, ihn zu trinken. Wenn die Lust auf den nächsten Schluck bereits nach dem ersten Glas erstirbt, liegt das fast immer am Wein. Meist wirken die alkoholreichen Fruchtbomben aus Übersee stark sättigend. Sie werden, auch aufgrund ihrer versteckten Süße, manchmal Trinkmarmelade genannt. Leider wird dieser Weinstil zunehmend auch bei uns kopiert.

Eine hohe Konzentration von Inhaltstoffen ist wichtig für die Weinqualität. Fehlt sie, ist der Wein mager oder dünn. Ist sie zu stark, wirkt der Wein übermächtig und fett. Es ist keine Kunst, vollmundige und wuchtige Weine zu produzieren. Die moderne Kellertechnik hält viele Möglichkeiten dazu bereit. Finesse und Eleganz können dagegen nicht künstlich produziert werden. Sie sind Ergebnisse guter Arbeit im Weinberg.

Wenn sich die Zähne beim Trinken von Rotweinen pelzig anfühlen, der Mund rauh wird, ist das weder ein gutes noch ein schlechtes Zeichen. Hier wirken die Gerbstoffe des Weines. Abhilfe schafft das Belüften des entsprechenden Weines in einer Karaffe. Einfach eine halbe Stunde oder länger vor dem Servieren umgießen. Durch den Sauerstoffkontakt werden die sperrigen Tannine abgerundet. Der Wein schmeckt dann voller und weniger aggressiv.

Mit etwas Geduld und Übung werden Sie schnell die Allerweltsweine von feinen Gewächsen unterscheiden lernen. Seien Sie offen für Neues. Jedes Weinland hat Herrliches zu bieten. Das Probieren der unterschiedlichsten Weine schult dabei von ganz allein den Geschmack.

Bernd Kreis

CONFIT D'CANARD

Die Ente entbeinen und in kleine Würfel schneiden. Die Zwiebeln und den Knoblauch kleinschneiden und alles zusammen mit etwas Öl in einer großen Pfanne anrösten.

Mit Rotwein ablöschen, mit den Gewürzen, Zitronenschale und Thymian abschmecken, 20 Minuten weichkochen (bei deutscher Ente benötigt es die doppelte Garzeit). Wenn das Fleisch weich ist und die Zwiebeln verkocht sind, mit Salz abschmecken und in eine Pastetenschale abfüllen.

Mit einer langen Gabel immer wieder in der Form stochern, so daß alles Fett an die Oberfläche tritt. (Diese Schicht Fett konserviert die Terrine.) Die Terrine auskühlen lassen.

Confits haben eine uralte Tradition. Sie stammen aus der Zeit, als Kühlschränke noch nicht erfunden waren. Nach dem Schlachtfest begann der Kampf gegen den Verderb. So entstanden viele Rezepte aus der Not. Diese sind heute zum Teil in Vergessenheit geraten, weil man das ganze Jahr über keine Kühlprobleme mehr kennt.

Berühmt sind Cassoulets, also gratinierte, dick reduzierte Eintöpfe mit Bohnenkernen und in der klassischen Variante mit Gänsefleisch angereichert. Das Gänsefleisch wurde im Winter als Confit eingemacht und diente bis zum Sommer als Grundlage für Cassoulets.

In der Regel werden Confits so weichgekocht, daß sie mit dem Löffel ausgestochen werden können. Möchte man dieses Gericht aus der Form stürzen, so wird es nicht schnittfest sein. Man kann sich behelfen. Sechs Blatt Gelatine in kaltem Wasser einweichen und vor dem Abfüllen unter die Masse rühren. Beim Aufschneiden wird sich ein Confit grau wie eine Leberwurst präsentieren. Will man es schön rosa haben, so nimmt man statt Meersalz Pökelsalz, das man sich beim Metzger holen kann. Pökelsalz ist in allen Würsten drin, die eine rosa Farbe aufweisen, also Lyoner, Bierschinken etc., ohne Pökelsalz wäre alles katzengrau.

Was das Würzen betrifft, gilt folgende Faustregel. Das in warmem Zustand abgeschmeckte Gericht wird sich kalt serviert als fad erweisen. Also: Was warm gewürzt und kalt verspeist werden soll, benötigt etwas mehr Salz, muß etwas überwürzt werden.

PERLHUHNBRUST IN BAROLO

Für 2 Personen

2	Perlhuhnbrüste
2	Schalotten, feingeschnitten
2	Knoblauchzehen mit Haut
1/8 l	Geflügelfond
2 Zweige	Thymian
1/8 l	Barolo
1 TL	kalte Butterflocken

Salz
Pfeffer
Butter

Perlhuhnbrüste mit Salz und Pfeffer würzen und in einer Pfanne mit etwas Butter auf jeder Seite ca. 2 Minuten sanft anbraten, aus der Pfanne nehmen, 5 Minuten in den 180 Grad (Umluft) heißen Ofen geben und fertig garen.

In der Perlhuhnpfanne Schalotten und die leicht gequetschten Knoblauchzehen anschwitzen. Mit Geflügelfond ablöschen, diesen einkochen lassen. Thymian zugeben und Barolo angießen, diesen etwas einkochen lassen und die Sauce mit kalten Butterflocken binden. Abschmecken und mit den Perlhuhnbrüsten servieren.

Barolo ist ein ziemlich teurer Wein, deshalb zum Kochen mit Wein noch ein Tip: Generell sollte man mit dem Wein kochen, den man dann auch trinkt. Klar, daß nicht alles in den Topf wandern darf, will man während des Essens nicht den restlichen Wein aus Fingerhüten nippen.

Beim Kochen duftet das ganze Haus. Beim Kochen mit Wein duftet das Haus nach Wein. Öffnet man in der Küche die Fester, kriegen das sogar die Nachbarn mit. Trotz aller Liebe, sie haben darauf keinen Anspruch. Was der Nachbar nämlich an wundervollem Odeur in die Nase kriegt, das ist nicht mehr im Topf, also perdu.

Sparen wir uns diese Großzügigkeit und sind wir besser zu uns selbst barmherzig, so wie die alten Mönche sprachen: „Ein guter Mann ist auch zu sich selbst barmherzig, tut sich selbst Gutes!"

Kochen wir mit gutem Wein, so kommen zuerst alle Fonds, auch Wasser zum Einsatz. Der Wein kommt erst fünf bis zehn Minuten vor der Fertigstellung ins Gemenge. Selbst wenn es nur wenig ist, meist hat man mehr im Topf als mit großzügigem Aufspriten von Anfang an.

OSKAR GEWÜRZE KAUFT MAN NICHT IN DER SUPERMARKT-HÖLLE SONDERN BEIM SPEZIALISTEN!

SCHARF UND GELADEN

Maria ist nach einer Auseinandersetzung mit Oskar einfach verschwunden. Sie kann es nicht ertragen, daß er um seiner Freiheit willen nochmal einen Menschen umlegt.

Mag dieser noch so ein fieser Drogendealer sein. Oskar tut, was er in solchen Situationen immer zu tun pflegt. Er geht Gewürze kaufen…

Der Besitzer des Gewürzladens am Naschmarkt, ein alter Türke, sperrt auf, erkennt Oskar und läßt ihn herein.

Die Regale des kleinen Ladens sind vollgeräumt mit Gewürzen, überall Gewürzsäcke, Kisten, Kartons, man kann sich kaum bewegen. Man fühlt sich sofort in den tiefsten Orient versetzt.

Auf niedrigen Schemeln hocken zwei alte Männer, kleine Teegläser in der Hand.

Das unrasierte Gesicht des alten Türken strahlt vor Freude, er drückt Oskar herzlich die Hand, spricht aufgeregt zu seinen Freunden auf Türkisch, zeigt immer wieder auf Oskar.

Oskar bekommt Tee, setzt sich zwischen die alten Männer, die ihm bereitwillig Platz machen. Oskar fühlt sich hier wohl und geborgen. Er spricht ein paar Brocken Türkisch, die Alten lachen.

Der Besitzer des Ladens bringt von hinten kleine Säcke. Er schnürt sie auf, greift mit der Hand hinein und reibt die Gewürze zwischen Fingern wie gegerbtes Leder. Dann schließt er die Augen und zieht den Geruch durch seine Nase ein. Er reicht die Säcke weiter an Oskar, der es ihm gleichtut. Die Gerüche haben eine betäubende Wirkung.

GEWÜRZE, KLEINE LEHRE DER ZUORDNUNG

Der richtige Umgang mit Gewürzen, dazu braucht es viel Erfahrung. Die Frage wäre, was macht man, wie kocht man in all den Jahren, bis man die Erfahrung hat? Zunächst mal kann ja nicht viel passieren. Kochen ist schließlich keine Risikosportart, wenn man einen wichtigen Punkt sich vergegenwärtigt. Wer schlechte und billige Ware in den Topf wirft, darf sich nicht wundern, daß nichts Gutes entnommen werden kann. Egal, was wir zubereiten, solange es nicht verkohlt, sich in Rauch auflöst, wird die vermurkste Speise einigermaßen ohne gesundheitliche Folgen eßbar bleiben. Mag sein, man verliert bei einer zähen Gans einen Zahn, oder eiskaltes Sorbet durchbricht die Magenwand. Man stirbt längst nicht so schnell, wie allgemein angenommen, es sei denn, „blaue Bohnen" werden serviert.

Zurück zu den Gewürzen. Zuerst mal sind Thymian, Majoran, Salbei etc., getrocknet oder frisch, keine Gewürze, sondern Kräuter. Dann gibt es, nenne ich es mal vorsichtig asiatische Aromen, das wären Kaffir-Zitronenblätter, Zitronengras, Galgant und beispielsweise frischer Ingwer. Frische Korianderblätter sind übrigens das meistverwendete Kraut der Welt, von Marokko bis in den hintersten Winkel Chinas, ungefähr so heftig in Gebrauch wie wir sie hierzulande überall ranschmeißen.

Nun kommt's – verarbeiten wir getrockneten Ingwer oder die getrockneten Samen des Koriander, dann sprechen wir von Gewürzen.

Es gibt sogenannte typisch deutsche Gewürze, beispielsweise alle, die in der Blutwurst vorkommen. Ich nenne sie die dunklen Gewürze, all die Ingredienzien, die wir auch mit Weihnachtsdüften in Verbindung bringen. Nelke, Piment, Zimt, Muskat, Süßholz, Muskatblüte (ist etwas heller und frischer), Kümmel, Wacholder, Kardamom, Sternanis (geschmacklich um Welten vom normalen Anis entfernt).

◄ Tintenfisch, (Pulpo) mit gespicktem Zwiebelmännchen 137

Diese dunklen Gewürze sind natürlich nicht nur für Weihnachten gut, denn in indischen Curries sind sie genauso enthalten wie in einer Blutwurst, die mir mal in Thailand in den Mund geschoben wurde. Nehmen wir das als anfängergerechten Anhaltspunkt. An dunkle Gerichte, an Sauerbraten, zum Wild, kurzum zu winterlichen Gerichten, paßt die genannte Auswahl, und man kann nicht viel falsch machen.

Kürzlich sagte ein bekannter Restaurantkritiker: „Steht Gewürz auf der Speisekarte eines Restaurants, so bedeutet das meist zuviel Gewürz." Üben wir also Mäßigkeit, solange wir nicht durch längere Übung geschult sind.

Die hellen Gewürze, das sind mir die Zutaten, welche gut zu südländischen Gerichten passen oder zu hellen Saucen, oder wie gemahlener Ingwer zu jeder Art Geflügel. Anis, Fenchel sind die Gewürze der Provençe, Italiens und des Mittelmeerraums. Der Pfeffer, weiß oder schwarz, wird zu fast jedem Gericht gegeben. Kreuzkümmel und Schwarzkümmel und Sesam sind vieler arabischer Gerichte Attribut. Safran, wir sprechen immer von seiner gelben Farbe und werden deshalb oft mit allerlei gelbem Pulver betrogen. Echter Safran ist ganz einfach zu erkennen, er riecht penetrant und stark, ein Odeur, wie man es in Apotheken antrifft. Also Vorsicht, echter Safran hat Power, und seine Kraft verhilft der Bouillabaisse zu gewaltiger Exotik und zu einer Energie, welche an die helle Sonne des Südens erinnert.

All diese Vergleiche und Zuordnungen sind ohne Zweifel sehr mangelhaft, schön wäre, wenn sie Mut zum Würzen machen würden. Immer sollte man aber mit dem Bewußtsein würzen, daß der Eigengeschmack der Speise angehoben und nicht übertönt wird. Allerdings gibt es auch da Ausnahmen. So ist zum Beispiel der Seeteufel vom Aroma her kein besonders edler Fisch. In der kulinarisch hochstehenden Belle Epoque kam er gar nicht auf die Speisekarten. In Italien wirft man ihn als Coda di rospo auf den Grill, und wer mit Curry experimentieren will und dabei einen Fisch malträtieren möchte, der soll es bitte nicht mit einem Steinbutt bewerkstelligen.

MARINIERTE ORANGENFILETS

Rotwein mit 50 g Zucker, Zimtstange, Nelken, Ingwer, Koriander, Kardamom, Piment, Rum und Grenadine aufkochen. Die Orangen schälen, filetieren und mit dem heißen Fond übergießen. Über Nacht ziehen lassen.

Die Orangenfilets herausnehmen, den Sud passieren. Die Eigelb mit 1 EL Zucker schaumig rühren. Nach und nach den Sud einfließen lassen. Dann die Masse im heißen, aber nicht kochenden Wasserbad so lange schlagen, bis sich die Masse verdreifacht hat.

Tip:

Der Einsatz, in dem die Sabayone geschlagen wird, soll das Wasser nicht berühren, so kann das Eigelb keine Klümpchen bilden.

Die Sabayone anrichten, mit den Orangenfilets und Vanilleeis sofort servieren.

Für 2 Personen	
1/4 l	herber Rotwein
50 g	Zucker
1	Zimtstange
1 Msp	Nelken, gemahlen
2 Msp	Ingwer, gemahlen
1 Msp	Koriander, gemahlen
1 Msp	Kardamom
1 Msp	Piment, gemahlen
2 cl	Rum
2 cl	Grenadine
1 kg	Orangen filieren und mit nachstehend beschriebenem Fond übergießen
5	Eigelb
1 EL	Zucker
etwas	Vanilleeis

OSSOBUCO MIT NELKENBLÜTEN

Die Haut der Kalbshaxenscheiben ringsum etwas einritzen, mit Salz und Pfeffer würzen. In Olivenöl von beiden Seiten kräftig anbraten, dann aus dem Topf nehmen. Zwiebeln, Karotten und Sellerie im Topf anrösten, Tomaten dazugeben und mit etwas Brühe ablöschen. Die Flüssigkeit bei großer Hitze einkochen lassen, dann mit der restlichen Brühe und dem Rotwein aufgießen, durchgepreßten Knoblauch, Gewürznelken und Balsamico zugeben. Die Beinscheiben auf das Gemüse legen und zugedeckt bei genügend Flüssigkeit 75 Minuten schmoren, dabei öfters wenden.

Zum Schluß die gezupften Nelkenblüten auf das Gericht streuen, dies geschieht kurz vor dem Servieren, da der Duft der Nelken nicht sehr hitzeverträglich ist. Das Gericht mutet etwas exotisch an, aber in der Provence, in Arabien, aber auch in der Barockzeit wurde alles, was guten Duft machte, nicht nur für äußere Anwendung hinzugezogen, sondern auch einverleibt. Die Beinscheiben aus dem Topf nehmen, das Gemüse passieren und die Sauce mit etwas Mehlbutter andicken (oder das Gemüse in der Sauce pürieren). Die Beinscheiben mit der Sauce anrichten. Dazu passen Butternudeln, Gemüse, frischer Salat und ein kräftiger italienischer Rotwein.

KARAMELLBIRNE

Diese Art der Birnenzubereitung harmoniert auf vielfältige Weise, z. B. mit Vanilleeis kombiniert zu einem hocharomatischen Dessert. Die Birnen für sich allein passen aber auch gut als Ergänzung zu Tafelspitz, ja sogar zu gegrilltem Fleisch.

Die Birnen schälen, vierteln und das Kerngehäuse entfernen. Zucker mit 1/8 l Wasser zu Karamell kochen. Wenn das Karamell zu bräunen beginnt, mit 1/8 l Wasser verdünnen und so lange weiterkochen, bis es die Konsistenz eines leichten Sirups hat. Die Gewürze im Mörser zerstoßen und mit Vanillemark, Orangen- und Zitronenschale, Apfelessig und Schnaps mischen. Diese Mischung unter den vom Herd gezogenen Sirup ziehen und darin die Birnen ca. 15 Minuten ziehen lassen.

	Für 2 Personen
4	reife Birnen (Williams Christ, Dr. Guyot oder Kaiser Alexander)
500 g	Zucker
je 1 TL	Koriander, Sternanis, Zimt, schwarzer Pfeffer
je 1/2 TL	Piment, Nelke, Kardamom
2	Vanilleschoten, ausgekratzt
1 TL	Zitronenschale, feingewürfelt
1 TL	Orangenschale, feingewürfelt
1 EL	Apfelessig
2 cl	Birnenschnaps

FILET VOM KNURRHAHN MIT DUNKLEN GEWÜRZEN

Knurrhähne (Grondins) ausnehmen, schuppen, waschen und filetieren. Die Frühlingszwiebeln in feine Ringe schneiden. Die Fischfilets mit Küchenkrepp trockentupfen, mit wenig Salz würzen und in einer Pfanne mit Butter von beiden Seiten 3 Minuten anbraten, dann warmstellen. In der Fischpfanne die Frühlingszwiebeln mit etwas Butter anschwitzen und mit Fischsud ablöschen. Noilly Prat und die Gewürzmischung hinzufügen und alles um die Hälfte einkochen. Den gewaschenen Blattspinat in einer Pfanne mit etwas Butter zusammenfallen lassen und mit Salz und Pfeffer würzen.

Die Sauce mit den Butterflocken binden und abschmecken. Die Fischfilets auf dem Spinat anrichten und mit der Sauce umgießen.

Für 2 Personen

2	Knurrhähne à 400 g
1 Bund	Frühlingswiebeln
200 ml	Fischsud
2 EL	Noilly Prat
1 TL	Gewürzmischung aus gemahlenem Koriander, Zimt, Piment, Kardamom, schwarzem Pfeffer
100 g	Blattspinat
1 EL	kalte Butterflocken

Salz
Pfeffer
Butter

POT AU FEU VOM HOKKAIDOKÜRBIS MIT ZIMT UND KARDAMOM

Kürbis schälen, halbieren, entkernen und in Würfel schneiden. Karotte und Sellerie ebenfalls schälen und würfeln. Lauch putzen, halbieren und in feine Scheiben schneiden. Peperoni halbieren, entkernen und feinhacken. Zwiebeln Peperoni und Lauch in Butter anschwitzen. Karotte, Sellerie, die Hälfte der Kürbiswürfel und Kardamom, Kreuzkümmel und Zimtblüten hinzufügen. Mit Brühe auffüllen und 20 Minuten kochen lassen. Mit einem Mixstab pürieren und mit Salz und Pfeffer würzen. Die restlichen Kürbiswürfel dazugeben, weitere 15 Minuten kochen. Abschmecken und servieren.

	Für 4 Personen
1	kleiner Hokkaidokürbis
1	Karotte, gewürfelt
1/2	kleine Sellerieknolle
1/2 Stange	Lauch
1	Peperoni
2	Zwiebeln, feingeschnitten
1 Msp	Kardamom
1/2 TL	Kreuzkümmel
1/2 TL	Zimtblüten
1 Liter	Brühe
	schwarzer Pfeffer
	Salz
	Butter

OSKAR HASE IN
BELGISCHER
KATZENPISSE!

EISKALT UND ABGEBRÜHT

Wenn Oskar keinen Ausweg aus einer Situation findet, endet sein Weg immer in der Küche von „Chéz Paul", wo er beim Kochen seine Gedanken sammeln kann. Hier hat er damals Konstantin Daschajews Leben gerettet, hier begann seine Karriere in der Mafia und hier endete sein Traum vom eigenen Lokal. Nun ist er wieder da, kocht mit seinen alten Freunden und denkt nach...

Ein saftiges Stück Rinderlende wird mit einer doppelzackigen Gabel in eine brutzelnde Pfanne gelegt. Zutaten werden mit atemberaubender Geschwindigkeit zerhackt. Oskar, in Kochschürze und weißer Kochhaube, steht hinter dem Herd. Auf der Arbeitsplatte erkennen wir zwei, drei Gewürzsäcke aus dem orientalischen Laden.

In der für Paul und die vielen Gehilfen zu engen Küche herrscht totale Hektik, aber kein Chaos. Die Handlungen sind aufeinander abgestimmt, die Bewegungen greifen ineinander wie bei einer Artistentruppe.

Alle schreien durcheinander, es zischt, es klappert und dampft. Paul stellt einen Teller auf den Tresen.

PAUL   Tote Kuh mit Fliegenpilz!

       Oskar wischt den Tellerrand ab, stellt ihn daneben.

OSKAR   Hase in belgischer Katzenpisse!

       Ein Kellner nimmt von der anderen Seite des Tresen den Teller.

KELLNER   „Kaninchen a la geuze" – Tisch neun.

FISCHE UND KRUSTENTIERE

Fische sind zu einem Luxusartikel geworden, sie sind teuer, und sie werden noch viel teurer werden. Die Meere sind langsam leergefischt, und die Gourmetküche versorgt sich mittlerweile aus dem Indischen Ozean, die Gewässer um Australien und Afrika werden gerade geplündert, und ein Ende ist abzusehen. Auch diese Meere sind bald leergefischt. Wollen wir hoffen, daß Fische noch teurer und meinetwegen als rare Delikatesse gehandelt werden, was sie ohnehin schon in großem Maße sind.

Gezüchtete Fische sind der Ausweg, wenngleich man sie nicht ganz und gar artgerecht großziehen kann. Das würde nämlich bedeuten – fast alle Fische sind keine Vegetarier –, sie müssen mit pflanzlicher Nahrung genährt werden. Normales Fischfutter wird nämlich aus Fischmehl gewonnen, dafür werden ungleich mehr Fische verarbeitet als man schlußendlich aufpäppelt. Also gut, Zuchtfische müssen Vegetarier werden, was kein großes Problem darstellt. Dem Zuchtfisch gehört die Zukunft, und nur er kann die wildlebenden Arten retten.

Der Gourmet ißt viel mehr Zuchtfisch als er ahnt, die Branzinos und kleinen Loups de mer, die Dorade Royale, die kleinen Steinbutte, sie sind alle gezüchtet. Geschmacklich kommen sie an die Wildformen nicht ran. Kürzlich sagte mir der Dreisternekoch Harald Wohlfahrt: „Die Sauce muß es bringen." Wer einmal an der bretonischen Küste morgens gefangenen Fisch aß, der weiß, was der Koch leisten muß, um unsere in die Pampa gelieferten Fische auf ein Drei-Sterne-Niveau zu lüpfen.

Ich glaube fest daran, die Renaissance der Süßwasserfische wird kommen. Haben doch Aale, Forellen, Hecht und Karpfen ein sehr eigenständiges Aroma, und ist der Zander nicht sowieso auf jeder Speisekarte zu finden, weil er festes Fleisch und wenig Gräten hat? Die Süßwasserfische stehen nicht so hoch im Ansehen, das Felchen gilt als billig, die Barsche zählen zur kulinarischen Folklore. Fragt man Leute, die darüber abfällig reden, hakt nach, wann man die letzte Forelle verspeiste, dann wird es still. Vor den wunderbaren Aalen graust es gerade im Süden der Republik sehr viele Leute. Wieder nachgefragt, haben die meisten noch nie so etwas auf dem Teller gehabt. Da muß sich in den Köpfen noch einiges lockern. Vor allem auch bei den Forellenfans, die sich bei Forellenzuchten eindecken, die mit Nostalgiepreisen locken. Selbst die berühmte Schwarzwaldforelle kommt oft aus Dänemark, sie dürfte unter den tannenbeschatteten Teichen eigentlich nicht mit dem Heimatbonus werben. Nach einer Gewöhnungszeit, ich glaube es sind nur sechs Wochen, jawohl, danach darf sich die skandinavische Industrieforelle das Schwarzwaldsiegel hinter die Kiemen klemmen.

Je häufiger kritische Gourmets sich dieser Fische annehmen, umso mehr werden Züchter einschwenken und, meinetwegen zu etwas höherem Preis, edle, artgerecht aufgewachsene Süßwasserfische anbieten. Diesbezüglich tut sich schon einiges, auch bei Meeresfischen.

ZITRONENFORELLE

Die Kartoffeln kochen und anschließend pellen. Die Forellen filetieren und mit Salz und Pfeffer würzen.

In einer Pfanne mit Olivenöl die Fischfilets von beiden Seiten ca. 3 Minuten anbraten, herausnehmen und warmstellen. In der Pfanne die Schalotte mit etwas Butter anschwitzen, mit Wermut ablöschen, Thymian untermischen. Etwas abgeriebene Zitronenschale und Zitronensaft dazugeben und ein wenig einkochen lassen. Den Fond in eine kleine Kasserolle umgießen. Die Sahne mit Eigelb verquirlen. Mit dem Schneebesen die Eigelb-Sahne in den kochenden Fond schlagen.

	Für 2 Personen
2	Forellen
2	mehlige, große Kartoffeln
1	Schalotte, feingewürfelt
1/8 l	trockener Wermut
1 Zweig	Thymian
1	Zitrone, unbehandelt
1/8 l	Sahne
2	Eigelb
1 EL	schwarze Oliven, gehackt
	Salz
	Pfeffer
	Butter
	Olivenöl

Die Pfanne sofort vom Herd ziehen. Weiterschlagen. Die Sauce bindet ab, und wir geben sie, bevor sie gerinnen kann, in eine bereitstehende Sauciere. Mit Pfeffer und Salz abschmecken.

Die Kartoffeln zerdrücken und mit einem Eßlöffel Olivenöl, den gehackten Oliven, etwas Salz und Pfeffer mischen. Die Forellenfilets mit der Sauce und den Kartoffeln anrichten.

GEGRILLTER SEETEUFEL MIT GRÜNEM KORIANDERDIP

Für 2 Personen

1	Seeteufel 600 g
4	Frühlingszwiebeln
4 EL	Puderzucker
1/8 l	Apfelsaft
2 EL	Essig
1	Peperoni
1 Bund	grünen Koriander
1/2 TL	geschroteten, schwarzen Pfeffer
	Salz

Den Seeteufel vom Händler enthäuten lassen. Die zweite, helle Haut muß man meist selbst abheben. Mit einem scharfen Filiermesser zwischen Haut und Fischfleisch fahren und so die Haut vom Fleisch trennen.

Der Seeteufel hat keine Gräten, sondern in seiner Mitte führt von vorne bis hinten einen Knorpel durch die Mitte. Wir können selbst mit einem stumpfen Messer bequem fingerdicke Tranchen schneiden.

Die Scheiben pfeffern, salzen, mit Olivenöl bepinseln und grillen. Die Frühlingszwiebeln halbieren und ebenso verfahren. Auf dem Grill sanft rösten.

Das Fleisch des Seeteufels (frz. Lotte) ist recht fest und von weißer Struktur. Es ist so stabil, daß es sich wie kein anderes zum Grillen eignet. Coda di rospo ist in der italienischen Küche als Grillgut legendär, ist es aber kalt und der Schnee pfeift ums Haus, so muß man sich der knallharten Sekte der Wintergriller anschließen. Bei Erkältung oder sonstigen Unpäßlichkeiten ist auch die Pfanne und eine warme Küche erlaubt. Kurzum, in Olivenöl sanft gebraten ist dieses Gericht kulinarisch sehr überzeugend.

Zwei Probleme konnte ich in Nachbars Garten erspähen: Entweder die Glut ist zu schwach, oder der Grill speit Feuer wie eine Eisengießerei. Auch konnte ich beobachten, daß die Glut oft gerade dann ideal war, wenn die Helden des qualmenden Feuerwerks mit hochroten Schädeln, dickem Wanst und kaputtgesoffen im Gras liegen. Fazit: Rechzeitiges Anfeuern der Holzkohle ist sehr wichtig, später kann man ja immer noch nachlegen.

Grüner-Koriander-Dip:

Apfelsaft, Essig und Puderzucker zu einem dicken Sirup einkochen. Peperoni halbieren und entkernen. Wer Scharfes nicht gewohnt ist oder nicht verträgt, sollte die Peperonihälften in viel Wasser 10 Minuten blanchieren.

Anschließend in feinste Würfelchen schneiden, die Korianderblätter kleinhacken und in den Dip geben. Vom Herd nehmen, mit Pfeffer und Salz würzen. Diese dickliche Sauce paßt nicht nur zu Fisch, sondern auch zu gebratenem Fleisch, ja selbst zu gekochtem Tafelspitz.

LOUP DE MER IN SALZKRUSTE MIT OLIVENÖLCOULIS

Der Fisch wird gründlich gewaschen, vor allem die Bauchhöhle sollte sehr sauber sein. Wir lassen das Tier ungeschuppt. Trockentupfen und reichlich pfeffern, etwas salzen. Die Haut wird mit Olivenöl eingepinselt. Füllen mit Thymian, Schalotten, Knoblauchzehe, Zitronenscheiben.

Das Salz mit dem Eiweiß vermengen. Auf einer genügend großen Platte wird eine zentimenterdicke Schicht Salz mit den ungefähren Ausmaßen des Fischs aufgetragen. Den gefüllten Fisch darauf legen und mit dem restlichen Salz bedecken. Mit einem Suppenlöffel in die Salzschicht eine schuppenartige Zeichnung eindrücken (das muß aber nicht sein).

Den Ofen auf 180° vorheizen, der Fisch wird für 45 Minuten dort hineingeschoben.

Aus dem Ofen nehmen und 15 Minuten ziehen lassen. Die Salzschicht eineinhalb Zentimeter von unten rundum mit einem Sägemesser aufschneiden und den Deckel abheben. Dem Fisch die Haut abheben und an der nun deutlich sichtbaren Seitenlinie den Fisch filieren. Die Mittelgräte wird herausgenommen und das untere Filet genauso tranchiert wie das obere. Dazu muß man sich etwas Zeit lassen, damit mit den Salzbröseln nichts durcheinander kommt. Also beim Tranchieren Ordnung walten lassen, evtl. mit einem zusätzlichen Teller, um das Salz beiseite zu schaffen.

Olivenölcoulis:

Schalotten in etwas Olivenöl anschwitzen, die ganze Knoblauchzehe dazu und mit Brühe und Wein auffüllen. Zehn Minuten kochen und mit der Mehlbutter ganz leicht abbinden. Mit dem Handmixer das Olivenöl unterarbeiten. Abschmecken mit Pfeffer und Salz. Die Tomatenwürfel und gehackte Petersilie dazu.

ROCHENFLÜGEL MIT VANILLE, TRAUBEN UND WALNÜSSEN

Für 2 Personen

1 (600 g)	Rochenflügel
1	Knoblauchzehe feingehackt
2	Schalotten feingehackt
1/8 l	kräftige Fisch- oder Fleischbrühe
2 EL	Weintrauben
1 EL	Walnüsse
1/2	Vanilleschote
1 EL	feingehackten Rosmarin
2 EL	Butter
	Saft einer Limone

Der Rochen ist sehr leicht zu handhaben. Die dunkle Haut ist in der Regel bereits abgezogen. Auf der Rückseite befindet sich eine weiße Haut, die bei kleinen Rochen mitgegessen wird, bei großen ziehe man sie ab.

Den Rochen wie ein Schnitzel bei kleiner Flamme in Butter braten, von beiden Seiten jeweils 8 Minuten. Aus der Pfanne nehmen und warmstellen.

In der gleichen Pfanne die Schalotten und den Knoblauch mit etwas Butter andünsten. Mit der Fischbrühe ablöschen. Rosmarin, Vanille, Trauben und Walnüsse hineingeben und auf die Hälfte reduzieren. Mit Butter binden.

Das mit der Butter habe ich bereits erklärt. Diese Art der Bindung funktioniert nicht alla tedesca mit literweise Sauce. Pro Portion gibt es ein bis zwei Eßlöffel Sauce, in die heftig kochend einige Butterflocken eingerührt werden. Kocht der Fond mit sprudelnder Energie, ist es wurscht, ob die Butter eiskalt ist oder nicht. Für das Emulgieren allein ist sehr wichtig, daß alles heftig kocht, und wenn nicht, heftig gerührt wird.

Ohne jetzt in zoologische Spitzfindigkeiten zu geraten: Es gibt zweierlei Rochen, kleine, die ohne Haut geliefert werden, und große Tiere mit einer weißen, wohlschmeckenden Unterhaut und einer sandpapierartigen Oberhaut.

Die kleineren, es ist die billigere Sorte, schmecken oft nach Salmiak. Französische, auch deutsche Fischhändler behaupten mit Stentorstimme, das müsse so sein. Seien wir großzügig und geben ihnen recht. In Wahrheit sind die kleinen Rochen sehr schnell verderblich und bereits einen Tag nach dem Fang geht das mit der Ammoniakpestilenz los. Die Händler können behaupten, was sie wollen, ein Rochen hat frisch, nach Meer zu riechen, also genau so, daß man gar nicht an Fisch denkt.

KNURRHAHNFILET MIT ROSMARIN UND KUMQUATS

Knurrhähne ausnehmen, waschen, filieren (oder bereits beim Fischhändler), mit Küchenkrepp trocknen. Pfeffern und salzen. Die Filets in Butter von beiden Seiten jeweils in zwei Minuten braun braten und warmstellen.

Schalotte und Kumquats in etwas Butter glasig dünsten, mit Fischfond (oder Bio-Instant) und Weißwein ablöschen und um die Hälfte reduzieren. Zitronensaft und Rosmarin dazu, Creme fraîche unterrühren und mit etwas Mehlbutter binden.

Der Knurrhahn heißt so, weil er seine Feinde bei Bedrohung anknurrt. Na ja, es ist mehr ein knacken, das anstürmende Widersacher erschreckt. Wir müssen uns gar nicht vor ihm fürchten. Man erkennt ihn an seinem ausgeprägten Entenschnabel und seiner, sich über den ganzen Körper verteilenden rot-orangenen Farbe. Der Bauch allerdings ist weiß, was so gesehen friedlich aussieht. Umgekehrt starren am Rücken starke, stachelartige Flossen. An ihnen sollte man sich nicht pieksen, deshalb rate ich, diese gleich zu Anfang, bevor man den Fisch wäscht, mit einer stabilen Schere abzutrennen. Er ist ein klassischer Fisch der Bouillabaisse, kommt im Atlantik, auch in der Nordsee, aber auch im Mittelmeer vor. Warum er ein relativer Geheimtip ist, kann ich nicht nachvollziehen. Sein Fleisch ist sehr fest, hell, und er hat nur wenige Gräten.

NOWAK
SAYONARA

BULLEN KALTGESTELLT ODER EINE „EITRIGE" MIT DOSENBIER

Während drinnen die feinsten Gourmetspeisen zubereitet werden, die Köche sich abmühen wie eine Green-Barrett-Einheit in Vietnam unter Napalmbeschuß um die 200 Bestellungen des Sternelokals in den nächsten zwei Stunden aus der Küche zu werfen, sitzen draußen Novak und Klein in der kalten Nacht und essen eine „Eitrige" (Wiener Bratwurst mit Käse) auf ihrem Autodach und trinken Dosenbier. Sie beobachten das Lokal.

Eine elegante Gesellschaft steigt aus einem Luxusschlitten mit Chauffeur und geht ins Lokal.

Novak und Klein entsorgen ihre Pappteller.

NOVAK   Wir machen Feierabend.
                   Oskar kommt nicht so bald wieder, wenn er einmal da drin ist.

                   Klein nimmt seine Aktentasche.

NOVAK   Soll ich dich nicht nach Hause fahren?

                   Klein schüttelt den ablehnend Kopf, geht die einsame Straße hinunter.

NOVAK   Sayonara!

                   Klein hebt die Hand zum Gruß, ohne sich umzudrehen.

WURST SELBST GEMACHT. FÜLLUNGEN UND FARCEN

Immer wieder schwanke ich zwischen zwei beruflichen Polen. Beide haben ihre große Berechtigung. Anstatt sich für eine zu entscheiden, trachte ich in letzter Zeit, beide irgendwie zu vereinigen. Die Rede ist von der französischen und von der italienischen Küche. Die größere Tradition hat die Cucina italiana, sie ist ursprünglich geblieben und hat sich weitaus nicht so professionell verfeinert, widmet sich transparent erkennbaren Zutaten, streng nach Saison und nach Provinzen ausgerichtet. Es wird wenig an den Produkten herumgepusselt, sondern, ähnlich wie beim italienischen Design, wird Klarheit angestrebt.

Bleiben wir beim Design. Der Franzose, jedenfalls die bürgerliche Mittelschicht, liebt es, na ja, nicht gerade plüschig, aber einen Anflug von Ancien Régime gönnt man sich gerne. Also verspielt, verfeinert, und oft verliert sich der Bourgeois im Schwulst. Die französische Küche ist deshalb einem gefährlichen Hang zur Verfeinerung ausgesetzt. Zum Teil auch mit Recht, der Unterschied der italienischen Mammaküche zur professionellen französischen Kochkunst ist gewaltig, und das hat sehr mit Verfeinerung zu tun. Als Berufskoch neige ich seit einiger Zeit einerseits zur heiteren italienischen Küche, gerade zur Sommerzeit, zu der auch die provençalische gehört, die wenig am Produkt verändert und hauptsächlich vom optimalen Produkt, dem vollreifen Gemüse etc. seinen Reiz bezieht. Auf der anderen Seite sieht sich der Profikoch zumindest als Kunsthandwerker, der auf eine berufliche Tradition zurückblickt, die sich aus den Erkenntnissen der Cuisine française nährt. Es geht um Kunstfertigkeiten, durch die eine Speise in einen anderen Aggregatszustand gehoben wird. Es geht auch um manuelle Künste, Speisen zu kombinieren und innerhalb einer Berufszunft so zu gestalten, daß die Hausfrau mit ihren Vertrautheiten auf der Strecke bleibt. Klar, daß es dabei zu Exzessen kommen kann, da der Kreative immer an den Rand des Möglichen vorstoßen will.

Kurzum, Füllungen, Farcen, Melangen und Mixturen gehören zu dieser professionellen Verfeinerung, die in Italien wenig Tradition hat. Die moderne französische Küche meidet seit den Zeiten der Nouvelle Cuisine jedoch alles Gemenge, das die Küche zuvor in schlechten Ruf brachte. Farcen sind letztlich nicht anderes als Vermengungen, wie sie für Würste verwendet werden. Der Metzger greift zum Wasser, um die Würste saftig zu erhöhen. Der Koch gibt Sahne dran. Gänseleber kommt gerne ins Spiel, Trüffel, die schwarzen, die erst beim Garen ihren optimalen Duft entfalten, sind fast obligat. Es kann zu wundervollen Kombinationen kommen. Der Schurkenkoch aber, da ist es wie beim Metzger, verrührt oft Zweitklassiges, mit der Niedertracht, dem Esser erstklassige Preise abzunehmen. Es ist also wieder an der Zeit, Füllung und Farcen unter ein gutes Berufsethos zu stellen. Die klassische französische Küche hat immer absolute Gültigkeit, den handwerklichen Grundregeln muß man ohne Abstriche gerecht werden.

LAMMFILETS IN BLÄTTERTEIG

Die Lammfilets von allen Seiten pfeffern und salzen, in Olivenöl rundum goldbraun braten. Aus der Pfanne nehmen und warmstellen.

In derselben Pfanne Zwiebeln, Knoblauch in Olivenöl dunkel rösten. Oliven, Petersilie, die Brotbrösel und feingehackten Rosmarin dazu. Alles so lange schwenken bis sich alles gut gemischt hat. Würzen mit Pfeffer und Salz.

Für die Sauce:

Alle Zutaten miteinander vermischen und neben dem Filet servieren. Das Lammfilet pfeffern und salzen und rundum in Olivenöl anbraten. Lammfilet herausnehmnen und Schalotten in die Pfanne geben und braun rösten. Alle anderen Zutaten dazugeben und gut anschwenken.

Eine Blätterteigplatte etwas auswellen, mit Ei bestreichen. Das Filet in die Mitte setzen und von der Kräutermischung einen Eßlöffel darüber häufen. Teig einschlagen und etwas andrücken, daß alles gut verschlossen ist. Im Ofen 15 Minuten bei 180° backen.

Für 2 Personen

300 g	Lammfilets
3	große Zwiebeln, feingehackt
1/2 Bund	Blattpetersilie
1 Zweig	Rosmarin
1 TL	gehackte Oliven
1 EL	geriebenes Brot
200 g	Blätterteig in Platten gefroren

Für die Sauce:

2	Tomaten, geschält und gehackt
1	Schalotte gehackt
1 Zehe	Knoblauch gehackt
1 Prise	Zucker
1/2 TL	grob geschrotete Tomaten
1/2 Bund	Basilikum, Blätter grob geschnitten
1/8 l	Olivenöl

BRÜHWURST

Was uns Deutschen die Wurst, das ist des Franzosen Pastete. Pasteten sind feiner. Auf dem Wege zu feinen Farcen kommt man am Grundmuster der deutschen Bauernbratwurst nicht vorbei. Das Fleisch durch die feine Scheibe des Wolfs treiben und alle Zutaten beigeben. Gut mit den Händen (vorher waschen ad. lib.). Mindestens 15 Minuten gut durchkneten. Anfangs ist das Brät noch locker. Es muß so lange bearbeitet werden, bis es zäh wie Gummi wird. Die Wichtigkeit des Knetens kann nicht hoch genug eingeschätzt werden. Ist man hier wegen Konditionsschwäche oder Faulheit nachlässig, bekommt man Bröselwurst. Beim Einstechen schießen Fontänen geronnener, heißer Flüssigkeit auf den Esser zu, manch einer hat sich da schon Verbrennungen geholt, und die Krawatte war sowieso im Eimer.

Nun gut, das Brät in einen Spritzbeutel füllen, vorne an der Tülle den Schweinsdarm darüberstülpen und das Brät in den Darm drücken. In Abständen mit Küchenschnur abbinden.

Angesichts des fetten Specks wird sich so mancher fragen, ob Würste so gesund sind. Zur Beruhigung möchte ich sagen, daß eine Lyonerwurst fetter ist.

Gern neigt man bei Hausmacher-Würsten zur verständlichen Korrektur, es mit weniger Fett zu versuchen. Man sollte glauben, daß die Würste besser werden, je weniger Fett man nimmt, das Gegenteil ist der Fall. Magere Würste sind immer trocken und bröselig.

Im Grunde muß man sich vor dem Fett, das man sieht, nicht fürchten. Eigentlich haben wir gut funktionierende Mechanismen, was uns guttut und was nicht. Wer fette Leberwürste ist, weiß was er tut, der Körper weiß es auch und gibt seine Signale, wann es genug ist. Fett ist entgegen amerikanischer Volksmeinung nicht toxisch. Die traditionellen Gerichte, welche manchmal reichlich Fett enthalten, sind über Jahrhunderte gesund gewesen. So ist auch ein deutlicher Unterschied zwischen meinem knallharten Wanst, der Wampe (das Wort hat ja nichts Wabbeliges) bayerischer Schweinhaxen-Heroen und dem zerfließenden Schwabbelgebirge, das von heimtückischen Fetten herrührt. Heimtückisch und hinterfotzig, das wären die richtigen Bezeichnungen. Die Wissenschaft spricht gnädig von versteckten Fetten, und die sind überall drin, was billig und trashig daherkommt. Fastfood ist gerade dann die Hölle versteckter Fette und des Kalorien-Supergaus, wenn der ganze Shit auch noch von pappsüßem Coca-Cola unterspült wird.

HÄHNCHEN UNTER DER HAUT GEFÜLLT

Für 2 Personen

1	großes Freilandhähnchen ca. 800 g
150 g	Geflügelleber feingehackt
1	Zwiebel, feingehackt
1 TL	feingeriebenen Ingwer
1 TL	Bio-Gemüsebrühenpulver
1 EL	Blattpetersilie, gehackt
3	Toastbrotscheiben in erbsengroßen Würfeln
1	Thymianzweig
1	zerriebene Knoblauchzehe
2 EL	Butter
1/8 l	Sahne
2	Eier
1/4 l	Rotwein
	Salz
	Pfeffer

Mit dem Zeigefinger oder einem Löffelstiel zwischen Fleisch und Haut der Brust fahren und die Haut vom Fleisch lösen. Es gibt in der chinesischen Küche den unglaublichen Trick, den Hahn (Ente) am Halsansatz mit einer Schnur dicht zu verschließen, dann von hinten Luft einzupusten und auch fest zu verschnüren. Zwischen Fleisch und Haut befindet sich nun ziemlich viel isolierende Luft. Die Haut wird knusprig, und das Fleisch ist vor großer Hitze durchs Luftkissen geschützt. Statt Luft geben wir die Füllung zwischen Haut und Fleisch. Würden wir das Hähnchen traditionell füllen, so wäre die Garzeit, bis die innere Füllung durchgeheizt wäre, sehr lange und die außenliegende Brust hart und trocken.

Schalotten, Knoblauch und die Leber anschwitzen, die Petersilie dazustreuen und vom Herd nehmen. Sahne, Thymianblättchen, Ingwer und Ei mit den Brotwürfeln vermengen. Pfeffern, salzen und mit den Weißbrotwürfeln durchschwenken. Diese Masse nach einer Ruhezeit von 10 Minuten dem Hähnchen zwischen Fleisch und Haut schieben.

Das Geflügel pfeffern und salzen, in der Kasserolle Butter erhitzen und von allen Seiten hellgold braten. Im Rohr 40 Minuten bei 160° garen. Sollte der Vogel zu dunkel werden, dann mit Alufolie abdecken. Zwischendurch mehrmals mit dem Bratenfett überpinseln.

Den Bratensatz entfetten, mit dem Rotwein ablöschen. Das Geflügel aus der Kasserolle nehmen und auf einer Platte anrichten.

Den Bratenfond läßt man auf dem Herd sprudeln und gibt langsam, in kleinen Flocken, die Butter darunter. Durch das Herumwirbeln geht die Butter mit der Jus eine homogene Bindung ein. Anschließend abschmecken und servieren.

Einkauf:

Ein gutes Hähnchen vom Wochenmarkt oder Fachhändler kostet ungefähr 4 Euro mehr als ein Tiefkühlprodukt. Das Ergebnis, der Genuß ist um ein Vielfaches größer.

...EINE KUGEL HATTE IHM DIE INNEREIEN ZERFETZT.

ER WOLLTE KEINEN ARZT, SONDERN EIN OMELETTE CHAUVÉE.

ALSO STELLTE ICH MICH IN SEINE BLUTLACHE UND BEGANN ZU KOCHEN...

BLUTLACHEN UND OFFENE MÄGEN

Valentin hatte eine aufschlußreiche Nacht mit der erotisch aufregenden Verlegerin Diana hinter sich. Unglücklicherweise hat er dann in ihrem Schlafzimmer den Umschlagentwurf zu Oskars Buch „Secrèts" gefunden. Dies führte zu einer schmerzhaften Trennung der beiden…

Nun liegt es auf dem Tisch in der Bibliothek von Konstantin Daschajew, der den Verrat von Oskar nicht fassen kann.

Lupo, sein Anwalt, liest gerade den Klappentext:

„Im September '89 erschoß Tommy Navarik, der damals für die groben Sachen zuständig war, in einem Lokal hinter dem Wiener Westbahnhof zwei Männer. Als ich dort ankam, um die Angelegenheit in Ordnung zu bringen, fand ich Tommy unter dem Küchenherd. Eine Kugel hatte ihm die Innereien zerfetzt." Er wollte keinen Arzt, sondern ein Omelette chauvée. Also stellte ich mich in seine Blutlache und begann zu kochen und sagte, daß alles gut werden würde, und er sagte, er freue sich auf das Essen, obwohl er wußte, daß er statt eines Magens nur noch ein großes, blutendes Loch hatte. Ich widme dieses Buch dem Andenken an Tommy Navarik, meinem besten Freund, und lüfte all jene Geheimnisse…"

Lupo unterbricht und schaut in die Runde. Konstantin sitzt an der Stirnseite des Tischs. Valentin, Belmondo und ein paar von Konstantins Männern stehen.

Nur zwei Stehleuchten schimmern sanft unter hauchdünnen Lederschirmen, die ein weiches Licht geben, weich und blaß wie Menschenhaut. Alle warten gespannt, wie es weitergeht. Konstantin gibt Lupo ein Zeichen weiterzulesen.

ANWALT LUPO … und lüfte all jene Geheimnisse, die auch er lange geteilt hatte, bis zu jenem Tag, an dem er starb, in einem Duft aus Minze und Cravattage. Oskar Boroschnin.

Anwalt Lupo läßt das Buch sinken.
Die Männer vor ihm schweigen.

FLEISCH UND BLUTGERICHTE

Warum eigentlich Fleisch? In einem Essay schrieb Jan Philipp Reemtsma einmal zu recht, dem vegetarischen Menu fehle etwas.

Es fehlt deshalb etwas, weil Fleischesser aus direkter Lebenskraft schöpfen können, die vom Blut kommt. Es handelt sich dabei nicht nur um alte Rituale, sondern Fleisch ist ein robusteres Produkt als Gemüse und hat, wenn man das Fett hinzurechnet, Kalorien und Eiweiß in hohem Maße. So ist Fleisch auch meist ohne Qualitätsverlust veränderbar. Man kann Lammkoteletten braten oder dünsten wie Gemüse auch, man kann jedoch das Lamm zu Ragout reduzieren oder eine Roulade daraus drehen, und es entstehen neue Gerichte, die sogar mehr Aussagekraft haben können, als das der Basiszubereitung.

Pflanzliches reagiert sensibler, eine Salzkartoffel kann köstlich sein, Pilze auch. Je mehr man kreativ daran herumbosselt, der geschmackliche Unterschied wird gering, es wird nichts wirklich Neues entstehen. Gemüse wollen nicht verändert werden. So schmecken, um ein Beispiel zu nennen, gegrillte Gemüse zwar kräftig, aber mehr nach Grill als nach Gemüse.

Der Vegetarier will sich legitimerweise nicht bloß ernähren, sondern wünscht sich auch Kochkunst. Doch Kochkunst, je höher sie strebt, umso mehr verändert sie die Produkte, wird artifiziell. Wie gesagt, Fleisch ist eine stabile Materie und hat bis zur stark veränderten Form, beispielsweise dem Hackfleisch oder Saitenwürstchen, immer noch viel Bodenhaftung. Was will aber ein aufgeklärter Esser mit pflanzlichen Verrenkungen, etwa einem Paprikaschaum oder gar mit einer Spargelmousse? Sind doch die Spargel so sensibel, nicht nur weil sie das Phallussymbol signalisieren und schon deshalb nicht in feine Scheibchen geschnitten oder gar püriert sein möchten.

Wie Gemüse wirklich zu schmecken hat, das weiß am besten, wer einen eigenen Garten bewirtschaftet. Wie Fleisch zu schmecken hat, ist auch nicht so leicht zu erjagen. Die eingeschweißten Teile im Supermarkt haben nichts mit dem zu tun, was ich unter Fleisch verstehe. Einen guten Metzger zu finden halte ich somit für eine sehr dringliche Aufgabe.

◀ Caramelle mit Ochsenschwanzragout (Coda di vaccinara)

ARTISCHOCKE
MIT OLIVEN UND PERLHUHN
GEFÜLLT

Artischocken waschen und die Stiele glatt abschneiden oder abbrechen. Beim Abbrechen lösen sich die harten Fasern vom Blütenboden. Die unteren harten Blätter vom Blütenboden entfernen bzw. abschneiden. Dann mit einem Messer oder einer Schere die oberen Blattspitzen abschneiden (große Artischocken werden so um ein bis zwei Drittel gestutzt), ebenfalls seitliche Blattspitzen abschneiden.

Es gibt viele umständliche Anweisungen, wie die Früchte gebunden und dressiert werden können, überflüssig: Wichtig ist, daß während dieser Arbeit bereits das leicht gesalzene Wasser auf dem Herd kocht, denn Artischocken laufen an den Schnittstellen sofort häßlich braun an. In älteren Rezepturen wird empfohlen, sie mit Zitrone abzureiben und auch eine Zitrone in das Kochwasser zu geben. Wenn man sich beeilt, ist das nicht nötig. Ich bin sogar sehr dafür, daß man nicht mit Zitronen hantiert, zitronensaure Artischocken sind grauenhaft. Ohne die Zitronen bekommen die Früchte auch eine lebhaftere grüne Farbe.

Die Artischocken wollen immer aus dem Wasser ragen. Den Topf nicht mit einem Deckel verschließen, sonst nehmen sie eine aschgraue Farbe an, deshalb einen kleineren Deckel auf die Artischocken legen, damit sie genügend untertauchen.

Nach 20 Minuten kann man eine Garprobe machen, ein Blatt herausziehen. Läßt es sich leicht herausziehen, sind die Artischocken gar. Mit einem Schaumlöffel herausnehmen, auf ein Tablett oder eine Platte legen, mit einem feuchten Tuch bedecken und 20 Minuten auskühlen lassen. Die Artischockenblätter ringsherum abziehen und das Fruchtfleisch mit einem Löffel auskratzen. Das Heu auf dem Artischockenboden mit einem Löffel entfernen, so daß nur der Artischockenboden übrigbleibt.

Für die Füllung Zwiebel und Oliven in Olivenöl anschwitzen und gleichzeitig das Geflügelfleisch dazugeben. Mit Salz und Pfeffer würzen, rundum bräunen, aus der Pfanne nehmen und warmstellen. Tomatenwürfel und Kräuter in der Pfanne so lange schwenken, bis die ganze Flüssigkeit verdunstet ist. Das Fleisch untermischen, abschmecken und auf die Artischockenböden streichen. Mit Olivenöl bepinseln und im 180 Grad (Ober-Unterhitze) heißen Ofen erwärmen. Mit Parmesansplittern bestreuen und servieren.

BLUTWURSTKRUSTELN

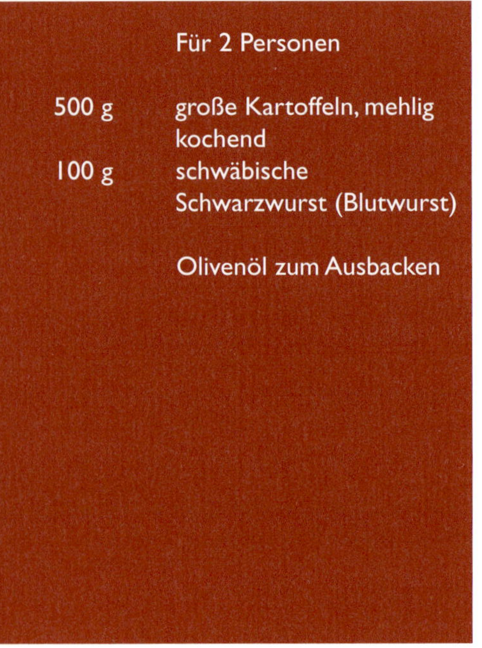

Die Kartoffeln schälen und in dünne Scheiben schneiden. Die Blutwurst ebenfalls in Scheiben schneiden. Die Wurst zwischen zwei Kartoffelscheiben geben (wie bei einem Sandwich), gut zusammendrücken. Die in den Kartoffeln enthaltene Stärke sorgt dafür, daß die Scheiben zusammenkleben. Im heißen Fett die gefüllten Kartoffelscheiben wie Kartoffelchips ausbacken. Die Blutwurstkrusteln auf Küchenkrepp abtropfen lassen, nach Geschmack mit Salz und Pfeffer nachwürzen und servieren.

Eigentlich könnte man die gefüllten Kartoffelscheiben fritieren, das aber bedeutet viel Öl. Das ist auch der Grund, warum man in die Friteuse billigstes Erdnußöl einfüllt. Wir machen es umgekehrt. Wir geben nur wenig Öl in die Pfanne und dafür das wesentlich bessere Olivenöl.

Hier muß aber unterschieden werden. Das sehr teure, wirklich kaltgepreßte Olivenöl verliert beim Erhitzen den Großteil seiner gesunden Begleitstoffe. Also kaufen wir uns preiswertes Olivenöl. Das eignet sich gut zum Erhitzen, auch wenn kaltgepreßt auf dem Etikett steht. Lieber Leser, nun sind Sie verwirrt.

Hier eine Erklärung. Der Gesetzgeber macht bei gepreßten Ölen keine Unterschiede, für ihn ist alles, was kalt in eine Presse kommt, nicht erhitzt. Die hinterlistige Ernährungsindustrie fand bei diesem Verfahren eine Gesetzeslücke. Wenn man die Oliven vielen Tonnen Preßdrucks aussetzt, dann erhitzten sich die Oliven auf über 150 Grad. So wird das letzte Tröpfchen rausgequetscht und trotzdem darf sich die Ware kaltgepreßt nennen. Die wertvollen Inhaltsstoffe sind futsch, aber zum Braten und Fritieren eignet sich das Öl sehr gut. Weit besser als natives, wertvolle Olivenöl (ca. 0,7 Liter / 10,–), dessen Trübstoffanteile beim Erhitzen verbrennen und dessen wertvolle Inhaltstoffe sich auch in Rauch auflösen würden.

Fazit: Zum Erhitzen billiges Olivenöl verwenden, zum rohen Verzehr das teure. Billiges Olivenöl (ca. 0,7 Liter / 2,50) kann man selbstverständlich auch für Salate nehmen, man darf aber nicht hoffen, damit so alt zu werden wie die Olivenölbauern auf Kreta.

KALBSFILET MIT ZITRONENSAUCE

Zuerst, was wir zum Filet dazureichen: Die Kartoffeln schälen, halbieren und in einer Pfanne mit Olivenöl kurz anbraten. Mit Salz würzen und die Knoblauchzehen untermischen, alles auf ein Backblech geben, die Rosmarinzweige dazwischen verteilen und ca. 20 Minuten bei 180 Grad im Backofen garen. Dabei immer wieder wenden, damit sie rundum schön braun werden. Dies ist übrigens eines der schmackhaftesten und trotzdem simplen Kartoffelgerichte. Simples kann genial sein, und das trifft auch für die Zubereitung des Spinats zu. Wir blanchieren ihn nicht, so laugt er im Wasser auch nicht aus. Der Spinat wird gut gewaschen.

Das Kalbsfilet mit Salz und Pfeffer würzen und in Butterschmalz goldbraun anbraten. Zwei gewürfelte Schalotten dazugeben und mitbraten. Mit dem Kalbsfond ablöschen. Kurz etwas köcheln lassen, dann das Filet aus der Pfanne nehmen und warmstellen.

Für die Sauce in einem separaten Topf etwas Butter schmelzen lassen und das Mehl damit vermischen. Den Weißwein und den Saft einer Zitrone mit einem Schneebesen unterrühren und um 3/4 einkochen lassen. Dann die Sahne zugeben und nochmals etwas einkochen lassen. Die Sauce mit dem mit Kalbsfond gelösten Bratensaft mischen, Petersilie zugeben und abschmecken. Das Kalbsfilet in Scheiben schneiden und den ausgetretenen Fleischsaft zur Sauce geben. Das Fleisch anrichten, mit der Sauce übergießen und mit Rosmarinkartoffeln und Spinat servieren.

Übrige Schalotte in Butterschmalz anschwitzen, den gewaschenen Spinat zugeben und zusammenfallen lassen.

CARAMELLE MIT OCHSENSCHWANZRAGOUT GEFÜLLT (CODA DI VACCINARA)

Für 2 Personen

Für den Ochsenschwanz:

1/2	Ochsenschwanz
1	Zwiebel, grob gewürfelt
1 Bund	Röstgemüse (Karotte, Sellerie, Lauch), grob gewürfelt
1 Liter	kräftiger Rotwein
1 Liter	Fleischbrühe
2	Knoblauchzehen
5	Pimentkörner
1	Gewürznelke
1	Lorbeerblatt
2	Schalotten, feingeschnitten
1 TL	Rosmarin, feingehackt
1	Eigelb

Salz
Pfeffer
Mehl
Olivenöl zum Anbraten

Für den Teig:

200 g	Mehl
3	Eier
1 TL	Olivenöl
1 Prise	Salz

Mehl zum Ausrollen
Frischhaltefolie

Ochsenschwanz an den Gelenken in Stücke teilen (kann auch vom Metzger gemacht werden). In einem möglichst großen Topf die Ochsenschwanzstücke in Olivenöl rundum anbraten, währenddessen salzen und pfeffern. Die Zwiebelwürfel und das Röstgemüse zugeben, ebenfalls anbraten und bei geringer Hitze langsam schmoren. Dabei immer wieder abwechselnd mit Rotwein und Brühe ablöschen. Nach einer Stunde die eine zerdrückte Knoblauchzehe und die zerdrückten Gewürze dazugeben. Der Ochsenschwanz muß ungefähr 2 bis 3 Stunden im Ofen garen oder in einem Topf mit Deckel vor sich hin simmern. Das Gericht ist fertig, wenn sich das Fleisch leicht vom Knochen löst.

Gegarte Ochsenschwanzstücke aus dem Topf nehmen, das Fleisch vom Knochen lösen, das Fett entfernen und dann die größeren Fleischstücke kleinschneiden.

Die Sauce bei großer Hitze einkochen, bis sie sirupartige Konsistenz annimmt und kräftig schmeckt. Die Sauce samt Röstgemüse mit dem Mixstab pürieren und so der Sauce eine cremige Konsistenz geben. Die Sauce abschmecken.

Schalotten mit feingehacktem Knoblauch braun rösten, das feingehackte Fleisch und den Rosmarin dazugeben. Alles zusammen zu einer Paste hacken und noch einmal mit Salz und Pfeffer abschmecken.

Für den Teig das Mehl auf ein Brett häufen oder in eine Schüssel geben, in der Mitte eine Mulde eindrücken. Die Eier, Öl und eine Prise Salz zugeben und zu einem Teig kneten. Den Teig in Frischhaltefolie einpacken und ca. 30 Minuten im Kühlschrank ruhen lassen. Mit einer Nudelmaschine den Teig sehr dünn ausrollen und Kreise von 10 cm Durchmesser ausstechen. Auf jeden Kreis je 1 TL Fleischpaste geben, dann die untere und obere Teigseite übereinanderschlagen, etwas verquirltes Eigelb auf die Enden geben, diese fest andrücken und leicht zwirbeln. In kochendem Salzwasser die Caramelle garen. Mit der Sauce anrichten und servieren.

GESCHNETZELTES SCHWEINEFILET MIT KÜMMEL

Für 2 Personen

400 g	Schweinefilet
3	Schalotten, feingeschnitten
6	Champignons, in feine Scheiben geschnitten
1 EL	Kümmel, gemörsert
1/8 l	Rotwein
1/2 TL	Mehl
1/4 l	Bratenfond
1 EL	kalte Butter
1/4 Bund	Blattpetersilie, feingehackt
1 EL	Creme fraîche

Salz
Pfeffer
Olivenöl

Das Fleisch in feine Scheiben schneiden und bei großer Hitze in einer Pfanne mit Olivenöl scharf anbraten.

Mit Salz und Pfeffer würzen, aus der Pfanne nehmen und warmstellen.

In der Pfanne die Schalotten mit dem gemörserten Kümmel goldbraun anschwitzen und die Pilze zugeben. Mit wenig Mehl bestäuben. Mit Rotwein ablöschen, den Bratenfond zugeben und die Flüssigkeit um die Hälfte einkochen. Den aus dem Fleisch ausgetretenen Fleischsaft in die Pfanne geben. Wenn alles gut am Brodeln ist, dann die kalte Butter unter stetigem Rühren untermengen, die Sauce bekommt so Glanz und runderen Geschmack. Dieses Abbinden nennt man in der Fachsprache montieren. Wichtig sind das ständige Rühren und auch die kochende Flüssigkeit. So emulgiert die Butter gut, andernfalls würde die Butter schmelzen, sich trennen und wir hätten keine Bindung, sondern Fettaugen obenauf. Petersilie, Creme fraîche und das Fleisch zugeben, kurz erhitzen, mit Salz und Pfeffer abschmecken. Es ist wichtig, das Fleisch nur noch etwas aufzuheizen, es nicht völlig durchzukochen, so bleibt es zart und saftig.

P.S. Unbedingt muß am Anfang der Kümmel gut rösten. Er entwickelt so einen intensiveren Geschmack und bekommt einen anderen Charakter, weit weg vom deutschen Goût, der uns an Schweinebraten und Bierdunst erinnert.

KALBSLEBER MIT LAVENDELBLÜTEN UND TRAUBENSAUCE

Die Trauben halbieren. Wer möchte, kann sie auch nach den Regeln der Grande Cuisine enthäuten, einfach am Stielansatz mit einem kleinen Messer die Haut abziehen. Das kann jeder, vorausgesetzt, man ist Geduldsmensch.

Die Kalbsleberscheiben trockentupfen und mit einigen Lavendelblüten bestreuen. Mit einem Plattiereisen oder flachen Messer die Blüten anklopfen und etwas ins Gewebe drücken. Die Leberscheiben mit der Stärke melieren und in heißem Olivenöl von beiden Seiten braun braten. Aus der Pfanne nehmen und warmstellen.

In der Pfanne die Schalotte in etwas Olivenöl braun rösten und mit Fleischbrühe und Rotwein ablöschen. Etwas einkochen lassen, dann mit etwas in Wasser angerührter Stärke binden, so daß die Sauce sämig wird. Die Trauben zugeben, kurz aufkochen lassen und die Sauce abschmecken.

Die Leber würzen, anrichten und mit der Traubensoße umgießen. Dazu passen sehr gut Buschbohnen mit viel Bohnenkraut. Kalbsleber wird erst nach dem Garen gewürzt, das Salz würde Flüssigkeit an die Oberfläche ziehen. Es wäre so nicht möglich, die Scheiben trocken ins heiße Fett zu bekommen. Das bißchen Feuchtigkeit, das der Leber entzogen wird, ist nicht das wirkliche Problem. Die feuchte Oberfläche läßt sich schlecht braten, es würde spritzen und knallen und der Fleischsaft in der Pfanne wabern, schlußendlich alles obendrein noch leicht anbrennen.

SCHWEINEPÖRKÖLT

<table>
<tr><td colspan="2">Für 2 Personen</td></tr>
<tr><td>600 g</td><td>Zwiebeln</td></tr>
<tr><td>300 g</td><td>Schweineschulter</td></tr>
<tr><td>1</td><td>Knoblauchzehe,
feingeschnitten</td></tr>
<tr><td>150 ml</td><td>Rotwein</td></tr>
<tr><td>350 ml</td><td>Fleischbrühe</td></tr>
<tr><td>je 1</td><td>Paprika rot und grün,
feingewürfelt</td></tr>
<tr><td>2</td><td>Tomaten, gewürfelt</td></tr>
<tr><td>1/4</td><td>Zitrone,
unbehandelt (Schale)</td></tr>
<tr><td>1–2 TL</td><td>Gewürzpaprika, mild</td></tr>
<tr><td></td><td>Salz
Pfeffer
Butterschmalz</td></tr>
</table>

Die Zwiebeln in möglichst feine Scheiben schneiden, das Fleisch in walnußgroße Würfel schneiden. Die Zwiebeln in einem Topf mit Butterschmalz anschwitzen, Knoblauch und Fleisch zugeben und anbraten.

Mit wenig Brühe ablöschen, diese fast einkochen lassen, so daß alles fast anbrennt und wir Farbe ans Gericht bekommen. Ist alles schön braun, gießen wir den Rest der Brühe und den Rotwein dran.

Paprikawürfel, Tomaten, abgeriebene Zitronenschale und Gewürzpaprika untermischen. Mit geschlossenem Deckel bei geringer Hitze das Pörkölt ca. 60 Minuten köcheln lassen. Am Schluß den Topf schief halten und das sich ansammelnde Fett mit einem Eßlöffel abheben. Das Pörkölt sollte nicht mit Mehl gebunden werden, die Zwiebeln zerfallen während der Garzeit und geben die Bindung. Anschließend mit Salz und Pfeffer abschmecken und servieren.

Pörkölt bedeutet nichts anderes als das, was wir westlich der Pußta als Gulasch bezeichnen. Wer in Ungarn Gulasch bestellt, bekommt eine verdünnte Version, nämlich eine Gulaschsuppe auf den Tisch.

Gulasch macht nicht viel Arbeit, nur braucht es eine lange Garzeit. Bei geringer Hitze über Stunden hinweg gerät das Gulasch besser als übers Knie gebrochen bei heftiger Hitze. Wichtig ist auch, daß das Gulasch sogar ein bißchen zerfallen darf. Gulasch al dente ist grauslich, womöglich noch in dünner Mehlsauce. Vielleicht sind solche Küchenunfälle, die man aus Kantinen zur Genüge kennt, für den schlechten Ruf des Gerichts verantwortlich.

So ein Pörkölt kann man auch aus Rindfleisch machen. Manchmal höre ich den Ausruf „schlechtes Fleisch". Glauben Sie mir, an einem Rind oder Ochsen gibt es kein schlechtes Fleisch, es sei denn, es hat bereits einen Altersgoût. Je mehr Flexen so ein Gulasch hat, um so besser, nur müssen sie weich gegart sein. Die Wade ist so ein durchwachsenes, zähes Stück. Mir ist diese Fleischsorte die liebste, sie hat wenig Fett, und all die Sehnen geben nach stundenlangem Kochen dem Fleisch einen sehr saftigen Charakter.

Noch ein Tip: Pörkölts lassen sich sehr gut als Halbkonserve eindünsten. Einfach das kochend heiße Saucengericht in ein Weckglas geben und mit einem Gummiring dicht verschließen. Abkühlen lassen und im Kühlschrank aufbewahren. So ist es mindestens vier Wochen haltbar. Solche Halbkonserven, die also nur gekühlt stabil frisch bleiben, nennt man nicht Konserve, sondern Halbkonserve bzw. Präserve. Einen Guten wünscht...

KONSTANTIN WIE HEISST
ES GLEICH VALENTIN?
VALENTIN SECRETS!

KOCHGEHEIMNISSE IM SARG

Dummerweise hat Leo Maria, Oskars große Liebe, in seiner Gewalt. Nun ist er ihm ausgeliefert. Und zu allem Überdruß eröffnet Valentin ihm danach im Auto bei schneller Fahrt in mondloser Nacht mit zerschossenen Scheinwerfern, daß „alle in der Familie glauben, daß er ein Verräter sei." So fährt er mit hoher Geschwindigkeit in einer Kurve geradeaus durch die Balustrade. Als er nach dem Unfall wieder zu sich kommt, liegt er in einem Sarg, die Knarren von Valentin und Belmondo vor seiner Nase, und der Pate Daschajew mit seinen acht Leibwächtern sieht mitleidig auf ihn herab.

Oskar erwacht. Er blinzelt benommen. Über ihm verzerrt Konstantins Gesicht. Oskar versucht, sich aufzurichten, stöhnt vor Schmerzen. Seine Augen wandern umher.

Konstantin, Valentin, Belmondo und einige seiner Männer stehen um den Sarg versammelt, in den Oskar gebettet ist.

KONSTANTIN   Du hast mich sehr enttäuscht.

Oskar will etwas sagen, aber nur ein Krächzen ertönt.

KONSTANTIN   Seit wann arbeitest du auf eigene Rechnung?
Was hast du dir dabei gedacht?

Oskar hat große Schwierigkeiten, sich zu konzentrieren.

OSKAR   (heiser) Es ist nicht so, wie du denkst.
KONSTANTIN   Natürlich nicht. Das weiß ich doch. Ich vertraue dir, Oskar.

KONSTANTIN   Deshalb wundert es mich, daß du meinem Wunsch nicht
entsprochen hast, Leos Leben schmerzvoll abzukürzen.
OSKAR   Ich wollte.
KONSTANTIN   Gestern?
OSKAR   Das ist eine längere Geschichte.
KONSTANTIN   Hast du sie aufgeschrieben?
OSKAR   Was?
KONSTANTIN   Ich bin so gespannt auf dieses schöne Buch von dir!
Wie heißt es gleich, Valentin?
VALENTIN   „Secrets" (englisch).

Oskar schließt für einen Moment die Augen. Als er sie wieder öffnet,
sind sie so illusionslos wie ein Säurebad.

SALATE UND IHRE SAUCEN

Da haben wir den Salat! Mit diesem Ausruf ist fast alles gesagt, was Salate problematisch macht. Meist locken sie mit Gesundheitsversprechungen, bis hin zu Chlorophyllvergiftung. Viel hilft viel, sortenreiner Kopf- oder Ackersalat werfen uns nicht so weit zurück, daß man sich nach dem Verzehr wieder wie ein Teenager fühlen könnte, deshalb wurde der gemischte Salat erfunden.

Kaum eine in abwaschbares Plastik versiegelte Kneipenkarte will darauf verzichten. Der gemischte Salat mit unzähligen Komponenten, bis hin zu Hengstenbergs gesammelten Werken aus dem Drehverschlußglas, ist der Dauerlutscher für Vitaminjäger oder solche Leute, welche durch Nahrungsergänzungspräparate sich bis zur Halskrause mit Mineralien und Vitaminen vollstopfen. Sie glauben, von allem, hilft viel. Es entspricht auch unserer Mentalität, die wir uns beim Fernsehen antrainiert haben. Schnäppchensucht, Zappen. Wir wollen nichts versäumen, von allem etwas haben, aber nicht wirklich richtig. Deswegen sind die Salatbuketts zu wahren Panoramaplatten angeschwollen.

Dagegen wehren wir uns. Wie alle gut bereiteten Gerichte sollte man in ihnen versinken können, sich ihnen intensiv widmen, sich ihnen ausliefern dürfen. Mit Amuse-Geule-Portiönchen ist das nicht zu bewerkstelligen.

„Da könnte ich mich reinsetzen", ruft der erfreute Gourmet, was bedeutet, daß er sich mit dem Guten länger beschäftigen möchten als flüchtiges Zungenhuschen ermöglicht.

LINSENSALAT

Die roten Linsen in Salzwasser ca. 15 Minuten weichkochen. Die grünen Linsen kochen wir mindestens 20 Minuten. Etwas Biß dürfen sie noch haben. Die Karotte schälen und fein würfeln. In einer Pfanne mit Olivenöl Schalotte und Karotte anschwitzen.

Kalt gepreßtes Olivenöl, Rotweinessig, Weißwein, Dijonsenf, Zimt, Piment, etwas Salz, Pfeffer und Zucker. In einen Schüttelbecher geben und gut vermischen.

Die abgetropften Linsen mit den angeschwitzten Karotten, Schnittlauch und dem Dressing vermischen. Mit Salz und Pfeffer abschmecken. Der Linsensalat zieht nach, man muß ihn immer wieder durchmischen und evtl. auch nachwürzen.

Allgemein ist ja bekannt, daß man getrocknete Hülsenfrüchte, zu denen die Linsen gezählt werden, in kaltem Wasser einweicht. Viele famose Köche denken nun, bei den kleinen Linsen könne man darauf verzichten, weil sie ohnehin schnell weich werden. Es geht aber um etwas ganz anderes. Wir weichen die Linsen, auch dicke Bohnen etc., in sehr viel Wasser über Nacht ein. Am anderen Morgen müssen sie immer noch mit Wasser bedeckt sein. Keinesfalls darf die Hälfte der Früchte aus dem Wasser ragen. Ist das erledigt, dann bleiben die Linsen ganz, andernfalls werden sie zwar auch weich, aber sie platzen beim Kochen, das Innere tritt breiig aus und der Salat, oder aber auch das Linsengemüse, verliert seinen Charme und tendiert zum batzigen Schlamm.

RIESENGAMBA MIT SALAT VON MANGO, PAPAYA, PITAHAYA UND ORIENTALISCHEN PARFÜMEN

Die Gewürze sollten (grundsätzlich) ungemahlen eingekauft und im Mörser frisch zerkleinert werden. Mit den restlichen Zutaten vermischen und mindestens 10 Minuten ziehen lassen. Oft bekommt man alle Zutaten nur mit Mühe zusammen. In diesem Fall lassen wir einfach etwas weg. Rosenblüten besorge ich immer in einem persischen Laden. Noch besser wäre, mal durch Nachbars Garten zu streifen, ob sich nicht duftende Rosen finden. Wichtig wäre zu wissen, ob die Rosen womöglich mit allerlei Gift bespritzt wurden.

Salat:

Die reife Mango schälen und in Scheiben schneiden, dann mit den anderen Früchten ebenso verfahren. Die Papayakerne nicht wegwerfen. Die Früchte auf einem großen Teller schön gefächert anrichten.

Die gegrillte Riesengamba (Schwanz geschält) obenauf legen. Mit dem Dressing Früchte und Krustentier beträufeln und ein einige Granatapfelkerne mit Fond darauf verteilen.

Für 2 Personen

Früchte:
I	reife Mango
I	reife Papaya
I	reife Pitahaya
1/2	Granatapfel
I EL	Grenadinesirup

Parfüm:
1/4 l	Mandelöl (nicht von gerösteten Mandeln)
I	ganze Sternanis
I MS	schwarze Pfefferkörner
I MS	frisch geschälten Kardamom
I TL	Korianderkörner
I MS	Safranfäden
1/8 l	Noilly Prat
I TL	Champagneressig
I MS	Meersalz
2 EL	getrocknete Rosenblüten
I TL	Damaszenerkümmel
1/2 TL	frischer Ingwer in feinsten Scheiben.
I TL	frischen Curcuma in feinste Scheiben gehobelt
1/2 TL	Instant-Bio-Gemüsebrühe

SALADE NIÇOISE

<table>
<tr><td colspan="2">Für 2 Personen</td></tr>
<tr><td>4</td><td>kleine Kartoffeln</td></tr>
<tr><td>2</td><td>Eier</td></tr>
<tr><td>1</td><td>rote Paprika</td></tr>
<tr><td>6</td><td>große grüne Bohnen</td></tr>
<tr><td>4</td><td>kleine Artischocken
(oder eingelegte
Artischockenherzen)</td></tr>
<tr><td>1/2</td><td>Kopfsalat</td></tr>
<tr><td>1</td><td>kleine Salatgurke</td></tr>
<tr><td>2</td><td>Fleischtomaten</td></tr>
<tr><td>1</td><td>Knoblauchzehe</td></tr>
<tr><td>1</td><td>Schalotte,
feingeschnitten</td></tr>
<tr><td>8</td><td>schwarze Oliven
etwas Zitronensaft</td></tr>
<tr><td>1 Bund</td><td>Basilikum,
feingeschnitten</td></tr>
<tr><td>1 Dose</td><td>Thunfisch</td></tr>
<tr><td></td><td>Salz
Pfeffer
Olivenöl</td></tr>
</table>

Wie schon beschrieben halte ich nichts vom allgegenwärtigen Salatdurcheinander und der deutschen Vorliebe für Potpourris. Ich plädiere für Sortenreinheit. Hier nun aber eine Ausnahme. Gewiß, einiges kommt hier durcheinander, aber der Geschmack des Thunfischs, der Oliven und des Olivenöls hält alles zusammen.

Salade Niçoise war in den siebziger Jahren mal große Mode. Er wurde dann aber nach und nach so verhunzt, daß sich die ansonsten geduldige Gemeinde der frohen Esser mit Grausen abwand. Gleichzeitig machten sich viele sog. Intellektuelle von den provenzalischen Äckern auf, um in der Toskana zu siedeln. Damit geriet diese Köstlichkeit vollends ins Abseits. Hier nun eine Ehrenrettung, nicht aber eine Aufforderung, daß die Toskanafraktion in die Provençe zurückkehren solle.

Kartoffeln gut waschen, weichkochen und schälen. Die Eier hartkochen, gut abkühlen lassen und vierteln. Paprika halbieren, die Kerne entfernen, auf ein Backblech legen und im Ofen bei 180 Grad ca. 10 Minuten weichgaren. Anschließend die Haut abziehen und Paprika in Streifen schneiden. Die Bohnenkerne aus der Schote brechen, weichkochen und die grobe Haut abziehen. Die Artischocken putzen, die Herzen weichkochen und anschließend vierteln. Kopfsalat putzen und waschen. Gurke schälen, halbieren, die Kerne mit einem Löffel herausstreichen und dann in Scheiben schneiden. Tomaten in Scheiben schneiden. Kartoffeln vierteln und in einer Pfanne mit Olivenöl anbraten.

Eine Salatschüssel mit der Knoblauchzehe ausreiben. Salat, Schalotten, Oliven und alle Gemüse in die Schüssel geben. Mit Olivenöl und Zitronensaft anmachen, Basilikum untermischen und mit Pfeffer und Salz würzen. Thunfisch und Eier oben-auf geben und den Salat servieren.

SALAT VON LÖWENZAHN UND HUFLATTICH MIT GEBRATENEM ZIEGENKÄSE

<table>
<tr><td colspan="2">Für 2 Personen</td></tr>
<tr><td>1 Bund</td><td>jungen Löwenzahn</td></tr>
<tr><td>1 Bund</td><td>wilden Schnittlauch, feingeschnitten</td></tr>
<tr><td>1 Bund</td><td>Brunnenkresse</td></tr>
<tr><td>1 Bund</td><td>Pimpinelle</td></tr>
<tr><td>1 Tasse</td><td>Scharbockskraut (nicht Schaf)</td></tr>
<tr><td>1 Bund</td><td>Sauerampfer</td></tr>
<tr><td>1 Bund</td><td>Hirschhornwegerich etwas Bärlauch feingehackt</td></tr>
<tr><td>2</td><td>Crottin-Ziegenkäse oder sonstigen trockenen Ziegenkäse</td></tr>
<tr><td>1 EL</td><td>Olivenöl</td></tr>
<tr><td>1</td><td>Brötchen, grob gerieben</td></tr>
<tr><td colspan="2">Dressing:</td></tr>
<tr><td>1 EL</td><td>Eßkastanienhonig</td></tr>
<tr><td>1 EL</td><td>Balsamicoessig</td></tr>
<tr><td>3 EL</td><td>Olivenöl</td></tr>
<tr><td>1 TL</td><td>groben schwarzen Pfeffer</td></tr>
<tr><td>1 EL</td><td>Creme frâiche</td></tr>
</table>

Zwei Crottin-Ziegenkäse in fingerdicke Scheiben schneiden, pfeffern, in Brotbrösel wenden und in Olivenöl beidseitig je 2 Minuten braten.

Alle Kräuter putzen, möglichst gut von den Stielen befreien und trockenschleudern. Die Zutaten des Dressings in einem Marmeladeglas gut durchschütteln und mit den Kräutern vermengen.

Gerade im Frühling wäre es wichtig, mal raus in die Natur zu gehen. Zugegeben, einfach so durch die Pampa zu latschen, ist nicht mein Ding, und da werde ich sicher nicht allein mit meiner Meinung sein. Wir kaufen uns also ein Büchlein, in dem Wildkräuter abgebildet sind. Ich habe mich in die Materie mittels einer kleinen Broschur reingeschafft, sie heißt „Ernte am Wegesrand". Dieses Büchlein konnte ich in keinem Buchladen mehr ausmachen, aber es gibt jede Menge andere Bestimmungsbüchlein.

Exkursionen, ob Pilz- oder Kräutersammeln, haben mich zum Naturfreund werden lassen. Man streift durch die Auen, nicht als doofer Wandersmann, sondern sozusagen in höherem Auftrag, um sein Wissen zu erweitern und sich gesunde Zusatzernährung zu besorgen. Der Wilde Schnittlauch sprießt auf den Wiesen als erstes Grün. Ab März ist er leicht zu erkennen, schaut man genau hin, so ist das, was wir für Gras hielten, Schnittlauch. Löwenzahn kennt sowieso jeder. Er ist ziemlich bitter, dies können wir abmildern, indem wir ihn in lauwarmem Wasser einweichen. Alles Bittere kann man auch durch Süße egalisieren, also evtl. noch etwas Puderzucker an den Salat streuen.

WALDORFSALAT

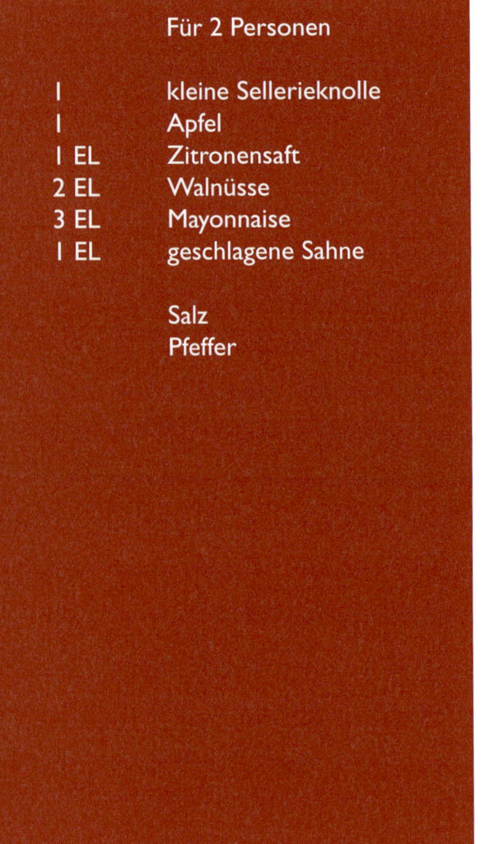

Sellerie und Apfel schälen, in sehr dünne Streifen schneiden und mit Zitronensaft beträufeln. Die Hälfte der Walnüsse kleinhacken und zusammen mit Mayonnaise und Sahne unter die Gemüsestreifen mischen. Den Salat mit Pfeffer und Salz abschmecken und mit den restlichen Walnüssen bestreuen.

Waldorfsalat könnte man eine vegetarische Adenauer-Reliquie nennen. Diese Beigabe zu gebratenem Fleisch und zu Pasteten fehlte bei Vorspeisen fast nie. Eigentlich geriet er aber in Vergessenheit, weil sich das Rezept langsam verändert hatte. So geht es vielen Rezepten. Kürzlich erzählte mir der wunderbare elsäßische Koch Marc Haeberlin, daß er seinen Köchen exakte Rezeptanweisungen gebe. Kontrolliert er nicht jeden Tag auf Werktreue, hat sich das Rezept in wenigen Tagen ziemlich verändert. Im günstigsten Fall ist es sogar verbessert worden, aber das sind die seltenen Höhepunkte eines Küchenchefs. Der Waldorfsalat wurde über die Jahre von Fertigmayonnaise verstümmelt, dann hatte jemand die Äpfel vergessen und man dachte, so müsse es sein, und dann waren am Schluß die Selleriefäden zu Balken angewachsen. Hinzu kommt noch, daß so mancher faule Koch gleich zu den essigsaueren Gemüsestreifen aus dem Industrieglas griff. Am Schluß wußte niemand mehr, wie das eigentlich zu schmecken hatte, und es wollte dann auch niemand mehr wissen. Viele alte Kreationen wären neu zu entdecken und zu rehabilitieren.

Hat man ordentliche Äpfel, nicht aus australischen Kartons, und einen Sellerie, der nicht nach Kunstdünger schmeckt, dann wäre alles geritzt, bis auf die Mayonnaise. Eine gute Variante ist unter dem Kapitel Saucen beschrieben. Von der Würzung dieser Sauce hängt der Geschmack des Waldorfsalats ab. Sehr zu empfehlen wäre, die Mayonnaise mal mit Mandelöl zu bereiten. Zu Walnußöl kann ich kaum raten, denn wirklich gutes Öl, das nicht von gerösteten und impertinent nussigen Früchten gepreßt ist, ist äußerst selten. Man erkennt es am verhaltenen Geschmack, der eben nicht nach gebrannten Mandeln schmeckt.

LEO HM... RIECHT GUT. WAS GIBT'S HEUTE?
OSKAR DICH!

DIE VERDAMMTEN KOCH-TOPF-TUNTEN

Inzwischen ist viel passiert. Als Belmondo mit seinem Bagel zurückkam, war Oskar weg und Valentin zusammengeschlagen statt seiner im Sarg. Allerdings nur bewußtlos. Als er wieder zu sich kommt, machen sich die beiden auf den Weg zum Verlag, um das Buch von Oskar zu holen. Dort wird Belmondo von Diana erschossen, während Leo eine weitere Million von Oskar fordert für das Leben von Maria. Der holt sich das Geld in der Privatbank des Paten und fährt dann in den Verlag, um mit Valentin, der ihm inzwischen wieder vertraut, einen Plan auszuhecken: Sie wollen Maria befreien, Rache nehmen und, nicht unwesentlich, das Geld der Mafia zurückgeben. Sie locken Leo in die Küche von „Chéz Paul".

Oskar und Paul warten dort auf ihn, während Valentin mit Diana vor dem Etablissement von Leo beobachten, wie dieser wegfährt...

Die Sonne steht tief. Leos Wagen gleitet lautlos vor das Lokal. Leo schaut sich um, geht zum Hintereingang. Seine Männer postieren sich um das Auto. Leo betritt die Küche. Paul sitzt am kleinen Tisch, ein Glas Rotwein vor sich.

PAUL   Hallo Leo, lange nicht gesehen.

       Leo sieht sich vorsichtig um.

LEO   Wo ist Oskar?
PAUL   Der kommt gleich.
LEO   Dann sind wir alle wieder beisammen.
PAUL   Bis auf Tommy.
LEO   Tommy war ein Schwachkopf.
PAUL   Aber er war mein Freund.

       Leo entdeckt den Müllsack mit dem Geld, er schnuppert.

LEO   Hm... riecht gut. Was gibt's heute.
PAUL   Dich.
LEO   Ich meine, was gibt's zum Essen?
OSKAR   Du hast schon richtig gehört: dich.

       Leo zieht seine Knarre. Von allen Seiten kommen die Küchengehilfen,
       kreisen Leo ein. Alles harte Burschen. Jeder hat ein Beil
       oder ein großes Küchenmesser bei sich.

ÜBER SAUCEN...

Die Sauce als Briefbeschwerer, davon sprach Nietzsche, und in gewissen Land-strichen Teutoniens ist es immer noch mehr als Brauch, nein Lebensgrundlage, die Sauce mit der Gabel essen zu können. Von der Stippe zur Tunke war es schon ein gutes Stück, und seit man statt Tunke Sauce sagt, steht es trotzdem nicht gut um die Saucen. Als Kind war mir die Soß' der Ersatz fürs Fleisch, das der Vater für sich in Quarantäne nahm. Sauce war das Gleitmittel für Beilagen und hatte gefälligst Fleischgeschmack zu haben, was sich die Industriesaucen-Verbrecher nicht zweimal sagen ließen.

Es gibt auch viele Saucen, die mit Fleisch gar nichts zu tun haben, helle, süße, saure, scharfe Elixiere. Sie kaprizieren sich als schwarze Schönheiten, brillieren brünett, als Blondinen, kurz, lang, aber auch oft fad. Saucen können kalt, mit Öl und Essig gebunden werden. Oft sind sie Raketentreibsätze, welche die Probanden die Bäume hochtreibt, zu Dauererektionen und Hirnrindenjucken führen können. Häufig hat sich die Sauce auch als rettender Notfallschirm über einen Küchenunfall zu senken.

In der Grande Cuisine hat sich die Sauce nur um eines zu kümmern: Sie sollte für Harmonie sorgen. Den Wohlgeschmack hat sie zu heben, sich nicht über die Aromen der Fische oder des Fleischs zu erheben. Kurzum, sie ist nicht Domina, sondern graue Eminenz, die ein hochstehendes Gericht in einen wohlproportio-nierten Rahmen stellt.

Nochmal, was die französische Küche zur kunstvollsten der westlichen Welt machte, hat auch mit aufmerksamem Saucenkochen zu tun.

Schön und gut, aber wir leben jenseits des Rheins. Was läßt sich aus dem Sumpf der deutschen Sauce herauslesen? Das ist gewiß so schwierig wie im Bodensatz eines

Ketchupeimers zu rätseln. Da wäre auch die Wissenschaft überfragt. Werden wir Deutsche deshalb im Ausland mit Unruhe beobachtet, weil uns letztlich nicht zu trauen ist, wir zwar Saucen haben, diese aber auch mit Kanonen verschossen werden können?

Die Franzosen haben mit Recht ihr Savoir-vivre immer an der Sauce festgemacht. Der Saucier ist in der Küchenbrigade nach dem Küchenchef der Ranghöchste. Kunstvolle Saucen dienen der Abrundung, Harmonisierung und verhelfen einem oft banalem Fleischstück zum Kunstwerk.

An Saucen läßt sich durchaus das Wesen einer Nation deuten. Die Sauce als kräftige Glace, obendrein noch „montée au beurre"? Antipodisch dagegen die knappen Saucen Italiens, die wenig verändert ganz aus dem jeweiligen Fleisch gezogen und kaum gebunden werden. Es gibt Gemüsesaucen, aus Tomaten bis hin zum olivenöl-gebundenen Pesto, die Zutaten werden so gering wie möglich gehalten. Oberstes Gebot ist die Transparenz und möglichst geringes Abweichen und verändern des Grundproduktes. In Frankreich dagegen vertrackte Verfeinerung, Artistik und Kulturgut, durchaus auf Augenhöhe der Literatur. In Italien das pure Produkt ohne Schnörkel, ganz wie das moderne italienische Design. Hier die Kunst, dort die Logik der Hausfrau, Mamma und der geradlinige Gusto.

Schaut man jedoch in die oft undurchdringlich stumpfe Pampe deutschen Gasthaus-kleisters, wird einem angst und bang. Gute Saucen sind Signale für Fleiß und den Willen zur Verfeinerung des Alltags. In Deutschland waren die Saucen vor dem Krieg intensiv und wenig durch Mehl gestreckt. Die Sehnsucht nach Fleisch mußte durch die Sauce getragen werden. Die Zeiten sind dahin. Vor zwanzig Jahren etwa gaben die Omas und Tanten in den Gasthäusern und in weniger gleichgültigen Haushalten vollends den Löffel ab. Die Sauce definierte sich allsbald über Tüten und Pasten.

In Deutschland hat sich aber viel getan. Getreu dem mit steiler Augenbraue gesprochenen Satz meines Küchenmeisters, „Klink, Sie sind ein saublödes Arschloch, aber sie lernen schnell." Da war ich in den beginnenden siebziger Jahren nicht der einzige. Es gibt in Deutschland ein kleines Fähnlein, das weiß, wie's geht, wie aus besten Zutaten Saucenkunstwerke entstehen können.

Nun ein kleiner Essay, der mit wissenschaftlicher Akkuratesse sich eines deutschen Problems annimmt.

BRAUNE GRUNDSAUCE

Zuerst der Fond:

Die Grundlage der meisten Saucen sind die Fonds. Hühnerfond, Kalbsfond, Rind-
fond, Fischfond, egal, immer sind das Brühen. Kaltes Wasser wird mit den Knochen
angesetzt und mindestens drei Stunden ausgekocht. Mit Knochen sind aber nicht
die blanken Röhrenknochen gemeint, sondern Fleischknochen. Es muß, auch beim
Geflügel, noch Fleisch dran sein. Das beste Ergebnis, die kräftigste Brühe bekommen wir mit den knorpelreichen Brustkernknochen vom Kalb oder Rind. Es kommt
kein Salz in die Brühe, da wir ja nach dem Garen und Absieben den Fond noch einkochen wollen. Die letzte halbe Stunde geben wir noch Gemüseabschnitte an die
Brühe, die vorher immer fleißig abgeschäumt wurde. Fonds kann man übrigens
kräftig reduzieren und dann in die Eiswürfelschalen geben und einfrieren. So hat
man immer eine Reserve, und der Brühwürfel aus der Nahrungschemie bleibt
außen vor.

Ist der Fond fertig, so kann es am Beispiel einer braunen Kalbssauce weitergehen.

Wie gesagt, ob es sich um Kaninchen, Rind, Gockel oder Igel oder Fuchs handelt,
always the same procedure! Fonds kann man erheblich speeden, kauft man sich
im Bioladen Kombualgen. Pro Liter gibt man vier lange Stücke gleich zu Anfang
ins Wasser. Warum? Sie enthalten auf natürliche Weise, nach dem wir immer so
lechzen, den Geschmacksverstärker Glutamat.

Wir rösten Knochen an, es sind wiederum Fleischknochen. Achten Sie darauf, daß
der Metzger die Knochen sehr klein zusammenhackt, er wird davon nicht begeistert sein, aber ohne höchstens walnußgroße Stückchen wird alles sehr schwierig.
Je kleiner die Knöchlein, um so größer die Röstfläche. Kommt noch hinzu, daß mit
den üblichen Brocken die Wenderei in der Kasserolle kaum zu bewerkstelligen ist.
Man nehme reichlich Öl, das man später ja wieder abschöpfen kann. Nehmen die
Knochen Farbe an, kommen in gleicher Größe geschnittene Zwiebelwürfel dazu,
dann gleich auch etwas Karotten- und Selleriewürfel. Grober Pfeffer kommt rein,
und immer weiterrösten, bis am Topfboden eine braune Kruste sich ansetzt. Nun
kommt der ständig und tausendfach vollzogene Generalfehler: Zuviel Brühe wird
draufgegossen. Als Resultat röstet nichts mehr, sondern es kocht. Also Ende
mit Karamelaromen, der sogenannten Maillard-Reaktion. Das Ablöschen geschieht

eßlöffelweise immer wieder und immer wieder. Erst wenn alles rundum schön braun ist, füllen wir auf. So viel Brühe aufgießen, daß die Knochen bedeckt sind. Nun alles mindestens ein bis zwei Stunden bei kleinem Feuer kochen. Nach einer halben Stunde geben wir einige Knoblauchzehen und gewürfeltes Suppengemüse dazu.

Lange ausgekocht, wird nun die Grundsauce abgesiebt, entfettet und reduziert. Hatten wir einen kräftigen Fond, so muß man nicht allzu viel reduzieren, was wichtig wäre. Merke: Wenn es in der Küche wunderbar duftet und elysische Odeurs das Häuslein umwehen, sogar die womöglich mißgünstige Nachbarschaft erreichen, dann sind die Düfte bei den Nachbarn, die, vielleicht gerade selbst auf Reduktion, eine ayurvedische Selbstvernichtungsdiät gestartet haben; die Leute leiden unerträglich. Macht nix, aber es ist schade drum, die Düfte sind nicht dort, wo sie hingehören, sie sind nicht mehr im Topf. Redzieren muß sein, aber nie länger als nötig.

Beliebige Kräuter und Gewürze

Zu Fleisch: Piment, grober, schwarzer Pfeffer, wenig Nelke, Ingwerpulver, Lorbeerblatt, Thymian, Rosmarin
Zu Wild: wie oben, aber zusätzlich, Wacholder, Piment in höherer Dosis, wenig Zimt
Zu Geflügel: wie oben, zusätzlich noch Ingwerpulver, evtl. Steinpilzpulver

Das habe ich aus einem Lexikon:

Die Maillard-Reaktion spielt eine wichtige Rolle bei der Bildung von Aromastoffen und braunen Pigmenten in Lebensmitteln. Es handelt sich dabei um eine sogenannte nicht-enzymtische Bräunungsreaktion, im Laufe derer Zucker, Aminosäuren, Peptide und Proteine zu heterozyklischen Endprodukten reagieren. Kapiert? Ich auch nicht.

SAUCENBINDUNG

1. Binden mit Mehl:

Mehl in Wasser, Wein, Brühe auflösen und in den kochenden Fond rühren. Mehl mit flüssiger Butter vermischen und in den kochenden Fond rühren.

2. Binden mit Stärkemehl:

Mehl in Wasser, Wein, Brühe auflösen und in den kochenden Fond rühren.

3. Binden mit Mehlschwitze:

Sie steht nicht in gutem Ruf, einzig und allein deshalb, weil sie meist zu dick und pampig gefertigt wird. Sie kann hell, oder angeröstet, braun sein. Fett und Mehl im Topf anrösten und mit der Flüssigkeit aufgießen. Dabei mit dem Schneebesen ständig rühren. Zuerst weniger Flüssigkeit zugeben als nötig, wir können anschließend noch auf die richtige Konsistenz verdünnen. Mit Mehl gebundene Saucen wirken immer leicht klebrig. Das läßt sich vermeiden, wenn man sie vor der Endfertigung gut durchmixt.

4. Bindung mit Ei:

Das haben wir bei der Sauce Hollandaise. Im 18. Jahrhundert wurden schon helle Saucen und Suppen mit Eigelb gebunden. Eigelb mit etwas Flüssigkeit vermengen (Milch, Sahne, Fond) und in den zu bindenden Fond mit dem Schneebesen einschlagen. Kurz vor diesem Vorgang den Topf vom Herd ziehen. Der Fond kühlt durch die Eiflüssigkeit etwas ab und darf danach nie mehr über 70° erhitzt werden, sonst flockt das Ei aus. Diese Saucen sind nicht wieder erwärmbar.

5. Bindung mit Blut oder Mark:

Beides sind reine Eiweißprodukte und genauso wärmeempfindlich wie das Eigelb. Mit Mark meine ich nicht das Innere von Knochen, sondern das Corail (Rückenmark) des Hummers. Man zieht den Topf vom Feuer, gibt das Corail in den Hummerfond und muß unverzüglich losmixen. Solche eiweißgebundenen Saucen kann man zwar aufwärmen, aber sie gerinnen dann. Die geronnene Masse kann man absieben und hat so wenigstens den Hummerfond gerettet. Das gilt auch für die oben angegebene Eibindung. Blutbindung kennt man klassisch bei Wildsaucen, Ragouts. Der berühmte Hasenpfeffer muß mit Blut gebunden werden, sonst wäre er nicht „Pfeffer", sondern ein Hasenragout.

Blutsaucen kocht man gut durch, sie gerinnen dann, aber sie lassen sich mit Mixen wieder einfangen. Übrigens, das Binden mit roher Gänsestopfleber ähnelt genau der Vorgehensweise mit Hummercorail.

6. Bindung mit Fett:

Da wäre zuerst die Sauce „beurre blanc" zu nennen. Mit dem Schneebesen wird die Butter eingeschlagen. Sie muß nicht unbedingt kalt sein, ich verwende sie sogar am liebsten sehr weich. Enorm wichtig ist, daß die Sauce heftig kocht. Das Durcheinanderwirbeln sorgt fürs Emulgieren. Heftiges Rühren mit dem Schneebesen erübrigt sich dann, durch das Kochen ist ja genügend Bewegung im Töpfchen.

7. Gemüsebindung, Pürierung:

Das Gemüse, das man evtl. in einer Sauce mitgekocht hat, wird weich gegart und dann gemixt. Diese Art der Bindung ist sehr gesund. Beim Gänsebraten läßt sich diese Methode sehr gut mit der Fettbindung bewerkstelligen. Ist die Gans (Ente, Hahn) gar und sind die Zwiebeln unten im Bratblech braun, so nehmen wir den Vogel heraus, stellen ihn warm. Das Fett einigermaßen abschöpfen, der Rest des Fetts wird mit dem Röstgemüse zusammen gemixt. Gerade im Geflügel-Bratfett sitzt der stärkste Geschmack drin.

8. Binden mit trockenem Magerquark:

Für evtl. Gesundheitskocherei kann ich das empfehlen: Quark einfach untermixen. Allerdings: Eine leicht bröselig-rauhe Textur kriegt man aus solchen Saucenkonstruktionen nicht raus.

HELLE GEFLÜGEL- ODER FISCHSAUCE

Kräuter und Gewürze

Zu Fisch:

Korianerkörner, Anis, Lorbeerblatt, Fenchel, Salbei, frischer Ingwer, Basilikum.

Zu Fleisch:

Piment, wenig Nelke, Ingwerpulver, Lorbeerblatt, Thymian, Rosmarin.

Haben wir einen guten Geflügel- oder Fischfond, geht alles schnell. Genauso wie wir die Bechamelsauce bereiten, so funktioniert die Geflügel- oder Fischsauce. Es kommt aber keine Milch in den Topf, sondern kräftiger Fond.

Wir geben also kleingehackte Knochen in eine Kasserolle, die mit Schalotten oder etwas Zwiebeln angedünstet werden. Eine Knoblauchzehe kann auch dazu, beim Fisch evtl. einige Blättchen Salbei oder evtl. ein Schuß Pastis (Ricard, Pernod, noch besser Pastis de Provence Bardouin). Sind die Zwiebeln glasig, wird mit Fond aufgegossen und alles eine Stunde lang gekocht. Beim Fisch genügen 20 Minuten, was auch für die Bereitung des Fisch-Grundfonds gilt.

Abpassieren und so lange einkochen, bis wir kräftigen Geschmack haben. Anschließend mit Mehlbutter binden.

SAUCE BÉARNAISE

<table>
<tr><td colspan="2">Für 2 Personen</td></tr>
<tr><td>2</td><td>Eigelb</td></tr>
<tr><td>2 EL</td><td>Gemüsebrühe (möglichst stark reduziert)</td></tr>
<tr><td>2 EL</td><td>Weißwein</td></tr>
<tr><td>I TL</td><td>Estragon gehackt</td></tr>
<tr><td>I EL</td><td>gehackte Petersilie</td></tr>
<tr><td>I TL</td><td>Herbadoxsauce (Lacroix)</td></tr>
<tr><td>2 EL</td><td>braune Butter</td></tr>
<tr><td></td><td>Salz
Pfeffer</td></tr>
</table>

Die Sauce Béarnaise ist eng mit der Sauce Hollandaise verwandt, also Kräuter weglassen, und wir haben die perfekte Hollandaise. Gemüsebrühe und Wein in eine rundbauchige Stielkasserolle geben. Auf die heiße Herdplatte geben, immer verhalten schlagen.

So sparen wir Kraft für das Finale. Beginnt die Sauce dick zu werden, vom Herd gehen und die Butter heftig unterschlagen, so lange, bis der Topfboden abgekühlt ist.

Dickt die Sauce zu schnell an, weil sie zu heiß geworden ist, dann sofort in eine Schüssel umgießen, bevor das Ei ausflockt. Also vorsichtshalber eine Schüssel parat stellen.

Nun hat man Zeit, die Sauce zu würzen: Kräuter rein, Herbadoxsauce dazu, evt. Salz und Pfeffer. Die Herbadoxsauce muß nicht unbedingt sein, aber sie hat gewisse geschmackliche Reize, die anders nicht beizubringen sind. Es gibt übrigens von der Béarnaise alte Rezepte, die statt der Herbadoxsauce eingekochten Fleischsaft (Glace) verwenden. Not really bad!

P.S. Sauce Herbadox (eine Kräuterreduktion) ist eine klassische Sauce, wie die Worchestersauce, und ist im Feinkosthandel erhältlich.

BECHAMEL

Die Schalotten in der Butter anschwitzen, melieren und mit der Milch aufgießen. Mit dem Schneebesen glattrühren. 5 Minuten durchkochen, mit Muskat würzen. Feudaler wird das Ganze, wenn die Milch zur Hälfte mit Sahne vermengt wird.

Noch besser wird alles, wenn wir den Anteil der Milch und der Sahne reduzieren und durch eingekochten Hühnerfond ersetzen.

Ist die Sauce zu dünn, bereiten wir uns etwas Mehlbutter (beurre manier). Einen Eßlöffel Butter in einer kleinen Kasserrolle verflüssigen. So viel Mehl darunter rühren, daß ein dünner Brei entsteht.

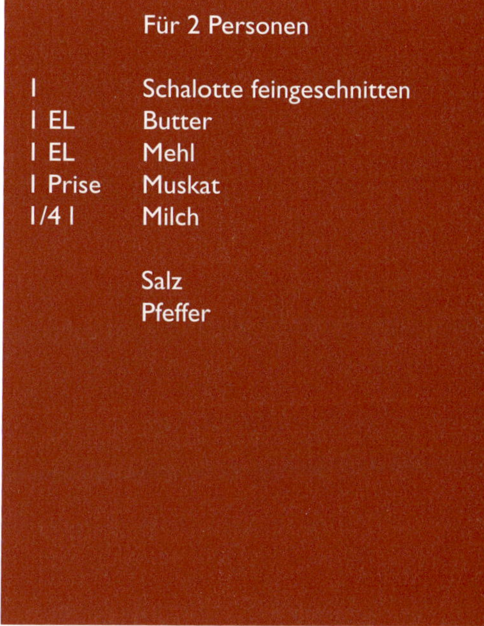

BAGNA CAUDA AUF HAUSGEMACHTEN NUDELN

	Für 2 Personen
6	Sardellen
100 g	Butter
1/8 l	Milch
50 g	Olivenöl
4	Knoblauchzehen
1	Steinpilz getrocknet

Nudelteig:

350 g	Semola (Hartweizendunst)
3	Eigelb
1	Ei
1 MS	Salz
1 TL	Olivenöl

Ursprünglich war diese Soße eine Armenspeise aus dem Piemont. Im Austausch mit Wein wurde aus Ligurien Olivenöl und Sardellen bezogen. Die Sardellenvariante stammte ursprünglich von zugezogenen Juden. Mitte des 15. Jahrhunderts ließen sie sich von Spanien kommend in großer Zahl in Cherasco nieder. Sie hatten Sardellen im Gepäck.

Butter und Öl erhitzen, feingehackten Knoblauch bräunen.

Den Topf vom Herd nehmen und die gewässerten, abgetupften Sardellen in den Topf geben und mit einer Gabel zerdrücken. Klassisch wird alles im Mörser zerstampft oder aber sakrilegmäßig und praktisch im Mixer zerkleinert. Die Rezepte variieren von Dorf zu Dorf. Auf alle Fälle sollten Pilze dabei sein. Wohlhabende Piemontesen griffen natürlich zum Albatrüffel. Auch nicht schlecht. Selleriegrün und etwas Karotte kann auch noch dazu. Wohlgemerkt, Bagna cauda heißt warmes Bad, klar, daß diese Sauce heiß serviert wird.

Mehl auf ein Nudelbrett häufen und in der Mitte ein Loch freischieben. Die Eier einschlagen, das Olivenöl dazugeben und alles zu einem glatten Teig kneten.

Der Teig sollte fest sein und darf ruhig an Knetmasse erinnern. Es ist von Vorteil, zuerst etwas weniger Mehl zu nehmen und den Teig weich anzukneten, um anschließend immer wieder so viel Mehl hinzuzugeben, bis die gewünschte Festigkeit erreicht ist. Hat man eine Nudelmaschine, so kann man darin den Teig auf weitester Stufe walzen, immer wieder, bis er glatt ist.

Den Teig mit Mehl bestäuben, in der Nudelmaschine oder aber mit dem Wellholz auf einer möglichst ebenen Platte (Steinplatte wäre ideal) auswellen.

Tip:

Von Hand ausgewellte Nudeln werden nie so perfekt wie solche, die mit einer Nudelmaschine bearbeitet wurden. Von elektrischen Maschinen muß ich eigentlich abraten. Das von mir bevorzugte Fabrikat, eine Drehkurbel-Walzenmaschine, nennt sich Imperia und kostet ca. 50 Euro. Es gibt auch von dieser Firma ein elektrisch betriebenes Modell für Profis, kostet 500 Euro. Wer täglich zwei Stunden Nudeln fabriziert, kann sich so ein Ding zulegen. Generell sind gewalzte Nudel um ein Vielfaches besser als gepreßte, die aus einer Art Fleischwolf ans Tageslicht gepreßt werden.

Alle anderen Fabrikate, na ja, Glücksache.

MAYONNAISE

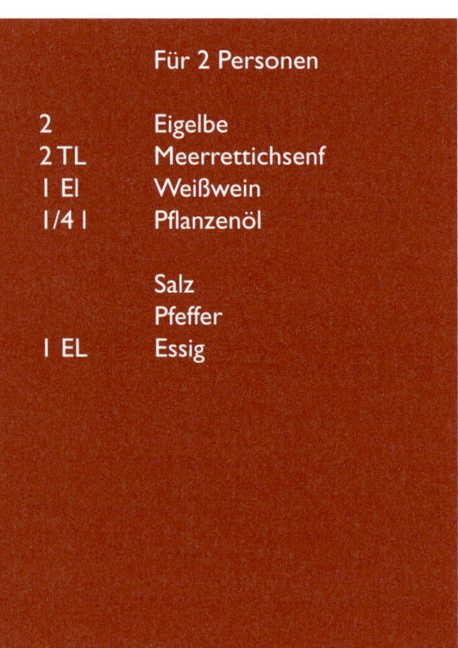

Diese Sauce steht nicht in bestem Ruf, was daran liegt, daß sie meistens mit billigem Öl hergestellt wird. Man greife also stets zu kaltgeschlagenen, leichtverdaulichen Ölen, die ernährungsphysiologisch hohen Ansprüchen genügen. Je nach Vorliebe und Geschmacksrichtung kann man Sonnenblume, Olivenöl, Distelöl (relativ geschmacksneutral), Traubenkernöl usf. verwenden.

Die Herstellung ist sehr einfach, und wenn sie mißlingt, dann immer durch den gleichen Fehler. Mayonnaise ist eine Emulsion, also eine homogene Verbindung von Flüssigkeit und Öl. Wenn also am Anfang mit zu wenig Flüssigkeit begonnen wurde, dadurch das Gemisch zu fett wurde, kommt es zur Gerinnung. Oder aber: Alles verbindet sich schön, die Sauce wird immer dicker, irgendwann standfest wie gerührter Gips. Irgendwann kippt die Sauce, es ist zuviel Öl enthalten, zuwenig Flüssigkeit, es kann nichts mehr emulgieren und Flüssigkeit und Öl gehen wieder getrennte Wege, die Sauce ist geronnen.

Man nimmt zwei Eigelbe. Die Eigelbe möglichst in eine kleine Schüssel geben, so daß die Besen des Handrührgeräts noch darin Platz finden.

Weißwein, Senf und Essig dazugeben, gut durchrühren. Wünscht man eine weniger fette Sauce, so empfiehlt sich, etwas Bierhefe beizugeben.

Unter stetem Rühren das Öl in dünnem Faden hineinlaufen lassen.
Anfangs ist das eine ziemlich wässerige Angelegenheit, dann dickt sich das Ganze langsam an, und man kann das Öl ziemlich unbekümmert hineinlaufen lassen, bis die gewünschte Dicke erreicht ist.

Nur wenn eine sehr steife Mayonnaise gewünscht wird, gilt es gegen Ende aufzupassen. Bei einer extrem steifen Mayonnaise kann es passieren, siehe oben, daß alles auseinanderläuft, die Mayonnaise ist dann überfettet.

MARIA
ICH WILL IHN
ESSEN

„LEO WELLINGTON" ODER ARSCH IM BLÄTTERTEIG

Maria, gefoltert und gedemütigt durch Leo, hat nur einen Gedanken: ihn zu essen!

Als die anderen ihr eröffnen, daß dies nur eine Warnung an jenen sei, sie ihn gar nicht essen wollen, noch umbringen, springt sie unvermittelt auf und schließt sich in der Küche ein. Oskar versucht, sie zur Vernunft zu bringen, ihr klarzumachen, daß der Kannibalismus längst vorbei sei.

Ohne Erfolg.

Maria lehnt von innen an der abgeschlossenen Küchentür.

Oskar rüttelt von außen an der Klinke. Er sieht sie durch das Bullauge in der Tür.

OSKAR	Maria, mach auf!
MARIA	Ich bleib' hier, bis er gar ist!

          Haßerfüllt blickt sie zu dem Ofen, in dem Leo schmort.

OSKAR	Was soll das?
MARIA	Ich will ihn essen!
OSKAR	Du kannst Leo nicht essen! Da draußen ist die Polizei!
MARIA	Mit einem schönen Bordeaux dazu!
OSKAR	Bitte mach jetzt auf!
MARIA	Hm, der Blätterteig wird schon knusprig braun.
OSKAR	Maria. Ich komme! Ich komme jetzt.

          Oskar tritt die Tür ein. Er fällt mit der Tür auf den Küchenboden, springt vom Boden auf, rennt zum Backofen und will ihn öffnen.

MARIA	Wenn du das tust, ist es aus zwischen uns!
OSKAR	Was?
MARIA	Vorbei! Ende! Amen! Finito!

          Oskar ist verwirrt. Aus dem Ofen hört man das BRUTZELNDE GERÄUSCH kochenden Fetts.

GARZEITEN UND TECHNIKEN

Wie brät man ein Steak? Ehrlich gesagt, so richtig genau weiß ich das auch nicht. Meine jungen Köche arbeiten mit kleinen Minialarm-Uhren, und ich bin ständig auf dem Sprung ihnen beizubringen, daß Technik trügerische Sicherheit suggeriert. Jedes Stück Fleisch reagiert anders und schert sich nicht um gemessene Standards. Sicher denken meine Köche oft (oft auch mit Recht), ach der alte Knacker. Immer wieder glaube ich aber auch eine gewisse Verblüffung in ihren Augen zu erkennen, wenn ich schon von weitem sage, daß das Steak noch fünf Minuten in den Ofen müßte. Klar, es ist jahrelange Erfahrung, kommt hinzu mein großkalibriger Bauch, in dem jede Menge Feeling eingelagert ist.

Man kann sich aber selbst auch einiges beibringen, wenn man keinen Bauch hat. Nie sollte man ein Steak braten, ohne es anschließend mit dem Daumen oder Zeigefinger zu drücken. Rohes Fleisch, bevor es in die Pfanne kommt, fühlt sich weich an, fast matschig. Auf Druck bleibt eine Delle drin. Mit fortschreitender Garung wird das Fleisch immer elastischer, dann immer fester, und durchgebraten fühlt es sich hart an. Prüft man das immer wieder, hinterher, beim Essen, kann man sich selbst examinieren, wie daneben man lag. Ich verspreche an dieser Stelle: Nach einigen tausend Steaks hat man mit der Exegese von Braten und Garzeiten keine Probleme mehr.

Niedertemperaturgaren:

Recht problemlos ist Niedertemperaturgarung. Diese Methode ist, man kann es nicht anders sagen, idiotensicher. Ein guter Ofen ist aber unerläßlich. Er muß gut justiert sein. Der Ofen muß tatsächlich auch die richtige Temperatur haben und nicht, auf 80 Grad eingestellt, plötzlich mit 110 Grad powern. Unbedingt erforderlich ist deshalb ein Backofenthermometer, das es für ein paar Euro in guten Haushaltswarenläden zu kaufen gibt. Ich empfehle ein digitales Gerät mit einem langen Draht dran, dann kann man exakt messen. Die Dinger kauft man im Elektronikhandel. Jeder Ofen hat allerdings seine Mucken. Deshalb muß man sich mit einem Mittelwert begnügen. Der Ofen wird immer erst verzögert seinen Thermostat ein- oder ausschalten. Stellt man auf 70 Grad, so pendelt das Ofenthermometer oft hoch bis 80 Grad und fällt dann ab, womöglich bis auf 60 Grad, bevor er wieder nach oben schaltet.

Garzeiten:

- Größere Fleischstücke wie Entrecôte oder Lammkeule 4–5 Stunden bei 80 Grad.
- Enten oder Hähnchen etwa zwei Stunden bei 70 Grad
- Kleinere Fleischstücke wie Koteletts, Steaks oder Schnitzel 30–60 Minuten.
- Reh nicht über 60 Minuten, Wildschwein doppelt so lange. Keulen bei 80 Grad.
  Abgelagerter Rehrücken eignet sich nicht, er löst sich vor lauter Zartheit auf.
- Fisch und Meeresfrüchte etwa 30 Minuten bei 60 Grad.

Man legt das Fleisch am besten auf ein Gitter, so kann die Luft gut zirkulieren. Austretender Bratensaft wird mit einem darunter gelegten Blech aufgefangen.

Große Fleischstücke schieben wir in die untere Hälfte des Backofens, kleinere in die Mitte.

Die Fleischstücke dürfen nicht abgedeckt werden. Weder mit Folie noch mit einem Deckel. Das Fleisch sollte möglichst rundum frei sein, zugedeckt staut sich die Hitze und kann dabei leicht um 20 Grad nach oben klettern.

Noch ein Riesenproblem: Wir sind es gewohnt, daß Fleisch heiß auf den Tisch kommt. Bei einem dünnen Rostbraten klappt das. Er ist außen sehr heiß, und die kleine halbgare Zone in der Mitte wird nicht bemerkbar.

Fleisch und Fisch heiß zu servieren, gilt als altmodisch. Heute weiß man, daß Fisch und Meeresfrüchte am besten schmecken, wenn sie 50–60 Grad warm sind. Heiß essen ist weder dem Gaumen noch dem Magen zuträglich. Es empfehlen sich aber sehr heiße Teller und kochendheiße Sauce, was für die Beilagen ebenso gilt.

SCHINKEN
IM BROTTEIG

Warm gehen lassen, bis sich die Teigmasse verdoppelt hat. Anschließend mit Klarsichtfolie abgedeckt zwei Stunden im Kühlschrank ruhen lassen.

Zu einer Kugeln formen, auf ein Blech legen und etwas flach drücken. Den Schinken darin einwickeln. Mit feuchtem Tuch abdecken und an warmem Ort 1 Stunde gehen lassen.

Ofen auf 180° vorgeheizt, Backzeit ca. 1 Stunde. Wenn der Teig beginnt sich zu bräunen, den Brotteig mit Wasser abpinseln.

KALBSFILET „WELLINGTON" MIT SAUCE CHORON

Für 3 Personen

1	Kalbsfilet
1 EL	Butterschmalz zum Anbraten

Duxelles: (Pilzfüllung)

1	Schalotte feingehackt
50 g	Champignons
3 EL	blanchierten Spinat, gut ausgedrückt
1 Zweig	Thymian
6 EL	Brät vom Metzger
1 Bund	Petersilie
100 g	gekochter Schinken
1 EL	geriebenes Weißbrot
2	Eigelb

Quark-Blätterteig:

250 g	Mehl
250 g	abgetropfter Magerquark oder Schichtkäse
1 TL	Salz
250 g	Butter

Original wird dieses Gericht vom Rinderfilet bereitet, was aber nur für Gesellschaften von mindestens acht Personen zu empfehlen ist. Das Gericht wurde Arthur Wellesley, Herzog von Wellington (1769–1852), gewidmet, englischer Feldherr, der den Indern übel mitspielte. Wellington trat 1787 in das englische Heer ein und kämpfte in Holland und Indien. Als Oberbefehlshaber vertrieb er 1813 die Franzosen von der iberischen Halbinsel. Er leitete gemeinsam mit preußischen Truppen, unter Blücher und Gneisenau, die Entscheidungsschlacht gegen den aus Elba zurückgekehrten Napoleon. 1828–1830 war er englischer Premierminister. Noch bis in die 1930er Jahre widmeten große Köche ihren Gästen ein Gericht. Eigentlich ein schöner Brauch, den man wieder beleben sollte.

Eine Duxelles ist eine Kräuter-Pilz-Mischung. Alles wird feingehackt und mit dem Brot und Ei gut vermischt. Würzen mit Pfeffer und Salz.

Der Teig wird ausgewellt, so daß man das Filet gut darin einwickeln kann. Mit Ei bestreichen, um den Teig gegen Feuchtigkeit zu isolieren. Drei Minuten antrocknen lassen. Die Duxelles auf den Teig streichen.

Das Filet wird mit Pfeffer und Salz gewürzt und von allen Seiten angebraten. Etwas abkühlen lassen und dann auf die Duxelles und den Teig legen. Einwickeln, von außen mit Ei bestreichen und für 28 Minuten in den auf 250° vorgeheizten Ofen schieben.

Bei einem geschätzten Durchmesser von 7 cm entspricht das pro Zentimeter einer Garzeit von 4 Minuten. Alles klar? Ist das Filet also 10 Zentimeter hoch, so garen wir 40 Minuten. Sobald der Teig etwas bräunt, mit Aluminiumfolie abdecken. Das Filet aus dem Ofen nehmen und vor dem Ofenloch 10 Minuten ziehen lassen. Evtl. mit Alufolie gut zudecken, damit das Gericht nicht allzu sehr auskühlt.

In dicke Scheiben schneiden. Das Messer sollte sehr scharf sein, damit der Teig nicht zerbröselt. Sehr gut eignet sich auch ein Elektromesser.

Quark-Blätterteig:

Alle Zutaten mit einem großen Messer durchhacken und mit den Händen anschließend einen glatten Teig kneten. Die Teigkugel in Folie wickeln und eine Stunde kaltstellen. Abschließend auf einer leicht bemehlten Arbeitsfläche 2–3 Millimeter dick ausrollen, zusammenklappen und wieder ausrollen. Dann das Ganze noch einmal, so erhält der Teig einige Schichten, ähnlich einem Blätterteig.

O S K A R
BOROSCHNIN
SECRÉT

FLAMBIERTE LIEBE

Valentin hat den Rest von Leos Leuten umgelegt, Maria befreit und sie zu „Chéz Paul" gebracht. Sie stürmt wütend und vom Pathos der Gewaltfreiheit geläutert in die Küche, um Oskar zu finden. Der steht in Kochschürze am Herd. Er wirkt konzentriert, während er Gemüse kleinhackt, Eier aufschlägt…

Alle anderen sind bereits weg, nur Paul hilft Oskar: Er dünstet Zwiebeln, bringt Oskar die nötigen Pfannen und Töpfe…

Was noch alles passierte, wie alles endet, soll an dieser Stelle nicht verraten werden.

Es wird, soviel sei gesagt, zum finalen Showdown kommen, es werden viele Tode gestorben, und doch werden alle überleben. Wie im richtigen Leben. Und wir finden alle unsere Helden dort wieder, wo wir sie immer vermutet haben: Den Paten in seiner Villa mit einem anderen Koch, den Leichenbestatter Hand in Hand mit einer frischen schönen Toten, Diana in einem Literaturcafé, Valentin mit Baseballschläger bei der Arbeit, Belmondo mit einem überdimensionalen „Hamburger" in einem runtergekommenen Puff, Leo in seiner Bar, Kokainlinien in seine Nase jagend, die Polizisten Novak und Klein im japanischen Imbiß, über Bambus und die Jakuza schwadronierend und…

Oskar und Maria in ihrem eigenen Restaurant, ausgebucht seit Wochen, irgendwo an der Küste des Mittelmeers, vor ihnen ein Buch, das Geheimnis ihres Erfolgs:

DAS GÄNGSTER KOCHBUCH.

DAS SÜSSE ZUM SCHLUSS

Die Ernährungsberater fallen in Divisonsstärke über die zahlenmäßig völlig unterlegenen, friedfertigen Esser her. Können wir den Regungen unseres Bauches nicht mehr trauen, braucht Deutschland so viel Rat? Sind wir schon so gaga, daß wir nicht mehr wissen, wie und was wir zu essen haben?

In der Tat, wir sind dabei, unser Gefühl zu verlieren, was uns zu- und abträglich ist und wann wir zu viel oder zu wenig essen. So können die Ernährungsberater auch vieles behaupten, was nicht stimmt, denn wir glauben es sowieso. Wir leben im Zeitalter der ungerufenen Ratgeber. Ganz klar, wer einen Kofferraum gesunden Kopfsalat am Tag verspeist, lebt nicht gesund. Wer seinen Tag mit süßen Fruchtriegeln und Lutschern startet und den ganzen Tag mit Limo gestaltet, lebt ganz und gar nicht optimal. Trotzdem ist Zucker nicht giftig, sondern wird mit einer Verleumdungskampagne verunglimpft. Protestantisch-asketische Forderungen haben Zucker schon immer diskreditiert, nur weil er Lust und glückliche Gefühle transportiert. Deshalb gibt es in protestantischen Regionen niemals süße Exzesse. Es gibt keine Hamburger Zuckerküche, keine preußische Zuckerbäckerei, sondern eine Wiener Zuckerbäckerei.

Zucker verursacht Karies, na ja, jedenfalls kommt es überhaupt nicht auf die Menge an, sondern wie oft, oder ob man dauernd an einem Lolli nuckelt. Glaubenskriege ringen auch um unraffinierten Rohrzucker, braunen oder raffinierten, weißen Rübenzucker. Was man bevorzugt ist Geschmacksache und Ideologie, denn alle Zucker haben die gleichen Auswirkungen auf den Körper.

Eigentlich ist Zucker für unsere Ernährung nicht wichtig. Wichtig ist er für unseren Kopf, denn er bietet Lust und Genuß. Die süßen Speisen tauchen auch erst am Schluß eines Menüs auf, wenn der Hunger gestillt ist. Zucker ist also weniger ein

Nahrungsmittel, sondern mehr ein Genußmittel. Es gibt sympathische Leute, die nicht einsehen wollen, warum das Dessert nicht am Anfang eines Menüs stehen könnte und es immerfort süß und beseelend weitergehen könnte. Ich finde, Zucker ist eine prima und unverzichtbare Köstlichkeit, aber alles zu seiner Zeit.

Die Sehnsucht nach Zucker liegt wahrscheinlich in frühesten Lebenserfahrungen. Kinder unterscheiden am Anfang zwei Geschmacksempfindungen: süß und bitter. Süß steht für schnelle Energiezufuhr und bitter für giftig. Man kann durchaus behaupten, daß dies zu unterscheiden die Menschheit am Überleben hielt. Nichts bringt dem Köper schnellere Energiezufuhr als ein Schwung Süßes. Die alten Mönche wußten es in grauer Vorzeit schon und brauten sich deshalb sehr süße Liköre. Von der Süße der Muttermilch bis hin zum Klosterlikör, der Zucker, der darin enthalten ist, dient nicht der Sättigung, sondern der Markierung gewisser Glücksgefühle. Aber einen medizinischen Aspekt gibt es auch noch, und deshalb steht der Zucker am Anfang der Klostermedizin und am Ende eines Menüs. Durch Zuckeressen wird Insulin ausgeschüttet und dadurch die Verdauung angeregt.

EXOTISCHER FRUCHTSALAT MIT PASSIONSFRUCHT-GRANITEE

Die Orangenzesten in Grenadine kurz aufkochen und zur Seite stellen.

Zwergananas der Länge nach vierteln und das Grün dranlassen. Das Ananasfleisch mit einem Messer von der Schale trennen. Ananasfleisch fingerdick einschneiden und das Fruchtfleisch von der Schale in rundem Bogen von der Schale schneiden, dann wieder auf die Ananasschale setzen.

Mangowürfel mit einem Eßlöffel Zucker und etwas Butter in einer Pfanne karamelisieren.

	Für 2 Personen
3 EL	Mangowürfel
I EL	Orangenzesten
2 EL	Grenadine
6	Lychees geschält
I	Kiwi in Scheiben
I	Zwergananas
2 EL	Zucker
I/8 l	Orangensaft
I	Banane in Scheiben
I	Papaya
2 EL	Zucker
I TL	Butter

Alle Früchte in eine Schüssel geben, den restlichen Zucker dazu und zum Schluß die Orangenstreifen mit dem Grenadinesirup beimischen.

Am besten schmeckt der Salat, wenn die Früchte mindestens 20 Minuten durchgezogen sind.

BEERENSUPPE MIT SCHNEE-EIERN

Für 4 Personen

1/4 l	Erdbeermark (püriert)
1/4 l	Himbeermark (passiert)
1 Tasse	Erdbeeren, halbiert
1 Tasse	Himbeeren
1/2 Tasse	Johannisbeeren, rot, schwarz, evtl. weiß
1 Tasse	Stachelbeeren
2 EL	Zucker
1/2	abgeriebene Orange
2 cl	Grand Marnier

Alles untereinandermischen und mindestens 15 Minuten ziehen lassen. Noch besser wäre aber, alles einen Tag lang ziehen zu lassen.

Schnee-Eier:

1 Liter	Milch
1	Vanilleschote
4	Eiweiß
100 g	Zucker
4	Eigelb

Schnee-Eier sind ein klassisches Dessert der französischen Hochküche. Sie werden meist nicht als alleinstehendes Dessert gereicht, sondern auf dem Dessertwagen zur Auswahl angeboten. Mit Vanillesauce und in Karos gezogenem Zucker-Karamel darüber sind sie in perfekter Abtimmung.

In einem Topf die Milch zum Kochen bringen. Die beiden ausgekratzten Schalen der Vanillestange mit einem Eßlöffel Zucker darin eine Viertelstunde kochen. Den Topf zur Seite stellen.

Eiweiß und Zucker in eine Schüssel geben und mit dem Zucker steifschlagen. Die Vanilleschote auskratzen, zum Schaum geben und so lange weiterschlagen, bis sich das Vanillemark gleichmäßig verteilt hat, anschließend die Eigelbe unterziehen.

Nun werden mit einem Eßlöffel aus der steifen Masse Nocken ausgestochen und in die heiße Milch gegeben. Der Topf kommt wieder auf den Herd, sollte aber nur leicht kochen. Sind alle Nocken in die Milch befördert, kommt der Topf vom Herd und wird mit einem Deckel verschlossen. Die Schnee-Eier ziehen durch und werden fest. Am besten schmecken sie noch etwas lauwarm, aber auch kalt sind sie sehr erfrischend, sollten jedoch am selben Tag verspeist werden.

ERDBEEREN AUF REIS TRAUTTMANNSDORFF

Den Reis in kochendem Wasser eine Minute blanchieren, in ein Sieb schütten und kalt abschrecken.

Milch, Zucker, Vanille und Zitrusschalen aufkochen und den Reis hinzufügen. Immer wieder umrühren und 15–20 Minuten bei schwacher Hitze kochen. Vom Herd nehmen, eine Minute warten und die Eigelbe einrühren. Nun ungefähr eine Minute weiterrühren, damit die Eigelbe nicht ausflocken. Etwas abkühlen lassen und die steifgeschlagene Sahne unterziehen.

Den Reis füllt man in eine Schüssel, oder aber wir verteilen ihn in Kaffeetassen. Einen halben Tag kaltgestellt, kann der Inhalt gestürzt und schön als kleiner Busen serviert werden. Ein Erdbeere in die Mitte gesetzt macht alles noch anschaulicher.

Vanilleschaum:

Eigelb mit Vanille und Zucker schaumig rühren. Gelatine zuerst in kaltem Wasser einweichen, abtropfen und in warmem Grand Marnier auflösen und unter das geschlagene Eigelb mischen. Schlagsahne unterheben und kaltstellen.

Für 4 Personen	
	Reis:
70 g	Risottoreis
0,3 l	Milch
1/4 l	Sahne steifgeschlagen
4 EL	Zucker
1	Vanillemark
1	Orange abgerieben
1	Zitrone abgerieben
4	Eigelb
	Vanilleschaum:
1	Eigelb
1	Vanillestange
40 g	Zucker
1½ Blatt	Gelatine
1 EL	Grand Marnier
1/4 l	Schlagsahne

CALVADOS-APFELPFANNKUCHEN

Für 4 Personen

Pfannkuchenteig:
125 g   Mehl
2   Eier
1/8 l   Milch
1 TL   Butter (auf dem
         Herd verflüssigt)
1   Prise Salz
2   große Äpfel
4 EL   Zucker
1 EL   Butter

je Pfannkuchen 1 Schnaps-
gläschen Calvados oder Apfel-
schnaps.

Pfannkuchenteig:

Mehl, Eier und Milch verrühren. Eine Prise Salz und am besten mit dem Handmixer die flüssige Butter untermixen, die dafür sorgt, daß die Pfannkuchen nicht zäh und ledrig, sondern locker und leicht aufgehen.

Die Pfannkuchen muß man einzeln hintereinander zubereiten. Äpfel schälen, vierteln, das Kerngehäuse entfernen und die Fruchtteile in feine Scheiben schneiden. Die Apfelscheiben zu vier Häuflein teilen.

Nun nimmt man das erste Häuflein, gibt es mit etwas Butter in die Pfanne und brät die Äpfel hellbraun. Anschließend wird etwas Teig auf und zwischen die Äpfel gegossen, mit der Gabel so verteilt, daß der Teig überall dazwischen ist. Nun einen ganz normalen Pfannkuchen backen.

Ist der Pfannkuchen von beiden Seiten gebräunt, geben wir einen Eßlöffel Zucker auf ihn, wenden ihn und braten auf möglichst großem Feuer. Die Pfanne etwas bewegen, evtl. auch den Pfannkuchen mit einer Palette hin und her schieben. Man sieht nun an den Rändern, daß der Zucker karamelisiert. Der Pfannkuchen ist fertig. Wir gießen das Schnapsgläschen Calvados darüber, zünden den aufsteigenden Dunst an. Wer Gas hat, zieht die Pfanne etwas vom Herd, die Pfanne explodiert (Vorsicht, Kopf weg). Anrichten und guten Appetit.

GEBACKENE RHABARBERBUSSERL

Eier und Zucker in eine Metallschüssel geben und im Wasserbad schaumig schlagen. Die Masse sollte annähernd so steif werden wie Schlagsahne. Ist es soweit, dann sofort vom Feuer und alles wieder kaltschlagen. Ideal wäre, wenn man sich zu Beginn der Prozedur gleich eine zweite große Schüssel mit kaltem Wasser bereitstellt. Unsere Metall-schüssel mit dem steifen heißen Ei können wir dann dort drin baden und so alles sehr schnell abkühlen.

Rhabarber, Butter und Mehl mischen und unter die obige Masse heben.

Für 4 Personen	
3	Eier
60 g	Zucker
120 g	Rhabarberpüree
80 g	Butter
50 g	Mehl

In kleine Formen füllen. Man kann auch alles in eine gebutterte Apfelkuchen- oder Tortenform gießen. Haben wir das geschafft, werden Rhabarberwürfel daraufgestreut und im Ofen ca. 12 Minuten gebacken. Die Zeit gilt nur als Anhaltspunkt für 180°. Als Garnitur geben wir Erdbeersoße, Vanillesoße und Rhabarberstücke.

DIE GÖTTERSPEISE

Für 4 Personen

Fruchtgelee:

400 g	Himbeeren
200 g	Wasser
100 g	Zucker
30 cl	Grenadine
4 El	Zitronensaft
2 cl	Himbeergeist
4 Blatt	Blattgelatine in Wasser eingeweicht

Sehr gut paßt die folgende
Creme dazu:

Crema di Lario:

1/4 l	geschlagene Sahne
50 g	Zucker
1/2 l	Zitrone
4 cl	Himbeergeist

Das könnte man auch noch
dazu servieren:

Löffelbisquits:

6	Eigelb
50 g	Puderzucker
1	Vanillestange
5	Eiweiß ca. 150 g
70 g	Zucker
50 g	Stärke
70 g	Mehl
1 TL	Backpulver

Götterspeise in der Ära vor Dr. Oetker, eine von künstlichem Farbstoff und chemischen Aromen freie, wunderbare Süßspeise.

Die Himbeeren oder das Himbeerpüree mit dem Zucker und dem Zitronensaft aufkochen, durch ein feines Sieb passieren, die ausgedrückte Gelatine darin auflösen. Eventuell noch alles durch ein Sieb passieren und in einer Schüssel kaltstellen. Es kann im Kühlschrank durchaus über Nacht dauern, bis alles fest und unzerstörbar ist. Generell gilt aber, je fester die Götterspeise, umso weniger schmeckt sie. Je weicher unser Kunstwerk ist, desto größer der Genuß. Vorsichtshalber können wir die Götterspeise in große Weingläser gießen und sie dort erkalten lassen. Ängstliche oder solche, die einen richtig perversen Gummi-Wackelpeter haben wollen, nehmen einfach 2 Blatt Gelatine mehr.

Sahne zuckern und steifschlagen. Zitronenschale, Saft und Grappa unterrühren, bis zum Servieren kaltstellen. Evtl. könnte man mit dem Zucker etwas Sahnesteif unterschlagen. So bleibt sie einige Stunden standfest.

Eigelb, Puderzucker und Vanille schaumig schlagen. Mehl, Stärke und Backpulver in ein Sieb geben und auf das geschlagene Ei sieben.

Das Eiweiß mit den 70 Gramm Zucker steifschlagen und unter die Eimasse heben Wir geben die Masse in einen Spritzsack und dressieren längliche, kleine Zigarren aufs Backblech. Diese dann im Ofen bei milder Hitze (170°) goldbraun backen. Es handelt sich hierbei um Dauergebäck. Die Löfelbisquits trocknen und in einer Dose trocken lagern.

- in die Eigelbmasse sieben
- Eiweißmasse mit der Eigelbmasse vermengen. Mit Spritz-Rundtülle fingerdicke und fingerlange Streifen spritzen
- bei geringer Hitze backen, 170°

Löffelbisquits mit Läuterzucker, etwas Zitrone und etwas Himbeergeist tränken.

PFITZAUF

Mehl, Milch, Eier, Zucker und Salz in einen Mixer geben oder mit dem Handmixer gut durchschlagen. Nun die zerlassene Butter untermixen. Das Ganze sieht nun aus wie ein Pfannkuchenteig.

Es gibt extra Pfitzaufformen, aber Kaffeetassen funktionieren genauso gut. Man sollte aber nicht das alte Familienporzellan nehmen, denn die Tassen werden teilweise anbräunen, und man muß sie anschließend heftig schrubben.

Die Tassen mit etwas Butter ausreiben und dann knapp zur Hälfte füllen. Mindestens 40 Minuten backen. Danach bei geöffneter Ofentüre 10 Minuten antrocknen lassen, damit die Ballone stabiler werden. Pfitzauf sind eine alte schwäbische Spezialität und sehr einfach zuzubereiten. Sie werden gern auch ohne Zucker serviert, als Begleitung zu einer Pastetenplatte, zu Käse etc. In diesem Fall läßt man den Zucker einfach weg. Bei meiner Omma gab es die Dinger immer mit Kopfsalat am Freitag. Ich schnappte mir aber meistens schon etwas von der laufenden Produktion weg, um Marmelade reinzuschmieren. Heute noch eine Köstlichkeit, für die ich alles andere sausen lasse. Pfitzauf heißt die Spezialität, weil der Teiginhalt in der Tasse unglaublich aufgeht und dabei Ballone entstehen, die innen hohl und mit allerlei gefüllt werden können.

Die Erdbeeren halbieren und mit Orangensaft, Grand Marnier, Zucker und abgeriebener Orangenschale anmachen.

VANILLEMOUSSE

Seit dreißig Jahren treibe ich mit meiner Frau ein nicht ganz übles Restaurant um. Dieses Dessert war von der ersten Stunde an mit dabei und wird es weiterhin bleiben. Das spricht für sich.

Wir nehmen frische, weiche Vanilleschoten, schneiden sie der Länge nach in der Mitte auf und kratzen das Innere heraus. Wir geben Vanillemark und -schalen mit dem Zucker in die flüssige Sahne, um dann alles in einen Schlagkessel 5 Minuten zu köcheln. So lösen sich Zucker und Vanille gut in der Flüssigkeit.

Eigelb dazugeben und im Wasserbad cremig schlagen. Die in kaltem Wasser eingeweichte Gelatine darunter geben. Einige Zeit kaltschlagen, evtl. in eine mit kaltem Wasser gefüllte Schüssel tauchen, so daß das Aufgeschlagene ungefähr lauwarm ist.

Steif geschlagene Sahne unterheben und in eine Schüssel füllen. Mit Klarfolie abdecken und über Nacht kaltstellen. Zum Anrichten werden große Nocken aus der Creme gestochen. Einen Eßlöffel in heißes Wasser tauchen, dann geht es ganz einfach.

Sehr gut passen dazu marinierte Erdbeeren, wie beim Reis Trauttmannsdorff beschrieben. Außerhalb der Erdbeersaison wäre mein Vorschlag: Ananasscheiben in Butter braten und kräftig mit Zucker bestreuen, dann umdrehen, damit der Zucker karamelisiert.

<table>
<tr><td colspan="2">Für 8 Personen</td></tr>
<tr><td>1/8 l</td><td>flüssige Sahne</td></tr>
<tr><td>2</td><td>Vanilleschoten</td></tr>
<tr><td>4 Blatt</td><td>eingeweichte Gelatine zufügen (je nach Jahreszeit, im Sommer 5 Blatt, im Winter 4 Blatt)</td></tr>
<tr><td>8</td><td>Eigelbe</td></tr>
<tr><td>120 g</td><td>Zucker</td></tr>
<tr><td>800 ml</td><td>geschlagene Sahne unterheben</td></tr>
</table>

CHAMPAGNER-SABAYONE

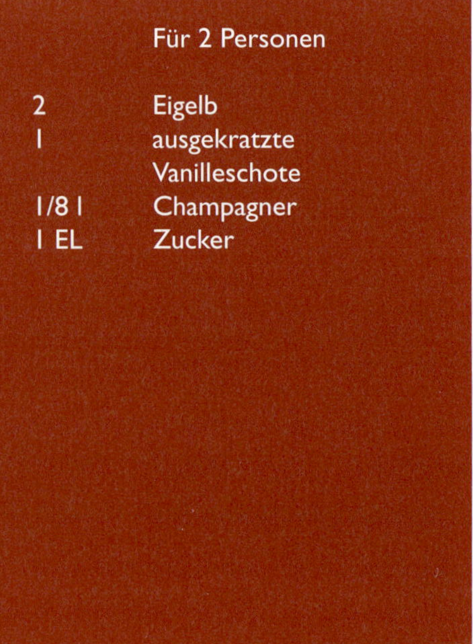

Die Vanilleschote sollte weich und geschmeidig sein. Sie wird der Länge nach halbiert. Innen können wir nun das Mark erkennen, eine schwarze Paste. Diese mit dem Messerrücken auskratzen. Die restlichen Vanilleschalen geben wir mit dem Zucker in eine kleine Blechdose. Der Zucker nimmt den Geschmack der Vanilleschote an, und wir haben Vanillezucker, Dr. Oetker bleibt außen vor.

Die Hälfte des Champagners mit dem Eigelb, dem Zucker und der Vanille in eine rundbauchige Stielkasserolle geben. Auf die heiße Herdplatte geben, immer verhalten schlagen. So sparen wir Kraft für das Finale.

Beginnt die Sauce dick zu werden, weiterschlagen und den restlichen Champagner dazugeben. Vom Herd gehen und heftig weiter schlagen, so lange, bis der Topfboden abgekühlt ist. Sofort in eine Schüssel oder Sauciere umgießen.

Eigentlich geht es darum, daß, wenn alles zu heiß wird, die Eier zu Rührei verhärten. Wenn wir also gemächlich vor uns hinschlagen und bemerken, daß unser Eigemenge dick zu werden beginnt, dann müssen wir sofort vom Feuer und kräftig weiterschlagen. Schlagen nicht nur in einer Richtung, sondern idealerweise sollte man einen Achter rühren, so daß alle Stellen des Topfbodens berührt werden und sich nirgends etwas ansetzen kann.

Waren wir zu ängstlich und sind zu früh vom Feuer, die Sauce uns deshalb zu dünn geraten, so gehen wir einfach noch einmal auf den Herd und schlagen weiter. Die ideale Sabayone hat eine Konsistenz wie Schlagsahne, ist also kaum flüssig, sondern schön steif. Also los, nicht entmutigen lassen und immer wieder üben.

Wer keinen Champagner hat, nimmt Weißwein. Zu alkoholreiche Sorten behindern aber die Luftigkeit. Das Originalrezept stammt übrigens aus Sizilien und wird mit Marsala bereitet. Dieser Wein hat relativ viel Alkohol, und so ist das Originalrezept etwas schwieriger als mit normalem Weißwein. Mit Champagner allerdings schmeckt die Sabayone mir am besten. Man gibt sie über marinierte Früchte, zum Fruchtsalat. Reizvoll ist auch eine Kugel Vanilleeis in einem großen Rotweinglas, dann die heiße Sabayone darüber, und wir haben einen schönen Kontrast von heiß und kalt. Übrigens, Sabayone bedeutet nichts anderes als Weinschaum.

ALLE REZEPTE VON A–Z

„Ich habe nur dreimal in meinem Leben geweint:
als man Jack Ruccini gehängt hat,
bei der Geburt meines Sohnes,
und als ich den Flügel eines getrüffelten Huhns
in den Ontario-See fallen ließ."
Al Capone

Darsteller	HENRY HÜBCHEN
	MORITZ BLEIBTREU
	CORINNA HARFOUCH
	NADESHDA BRENNICKE
	JOSEF HADER
	ROLAND DÜRINGER
	PAULUS MANKER
	KARLHEINZ HACKL
Als Gast	VINCENT KLINK
Drehbuch	CHRIS KRAUS
	Nach einer Drehbuchvorlage von
	MIKE MAJZEN
	unter Mitarbeit von
	MARTIN DANIEL, PEPE DANQUART, MILAN DOR
Kamera	CARL-F. KOSCHNICK bvk
Schnitt	BRITTA NAHLER
Musik	WALTER W. CIKAN
Ton	HEINZ EBNER
Ausstattung	ISIDOR WIMMER
Kostüm	GUDRUN SCHRETZMEIER SFK
Maske	MICHAELA OPPL
	DANIELA SKALA
Casting	MARKUS SCHLEINZER
Produktionsleitung	STEPHANIE WAGNER
Herstellungsleitung	MANFRED FRITSCH
Produzenten	DANNY KRAUSZ
	KURT STOCKER
	GERD HUBER
	MICHAEL BINDLECHNER
Ein Film von	PEPE DANQUART

IMPRESSUM

Gängster Kochbuch
© 2004 Edition Vincent Klink, Stuttgart
Vincent Klink, Pepe Danquart

Redaktion
Vincent Klink, Pepe Danquart, Urs Schwerzmann
Lektorat
Jürgen Holwein
Website-Betreuung
Ludwig Lang
Foodfotos
Vincent Klink
Rezeptkontrolle
Susanne Schey
Filmstills
Petro Domenigg
Gestaltung
Urs Schwerzmann, Denise Cura, Julia Rische

Bild- & Satzoptimierung
Präsentations-Service, Stuttgart
Druck
MaroDruck, Augsburg

Einzelbestellungen
BuchGourmet, Dieter K. Eckel
Hohenzollernring 16–18, 50672 Köln
Telefon (0221) 257 4072 Telefax (0221) 255 305
E-Mail: shop@buchgourmet.com

Bestelladresse für den Buchhandel
MaroVerlag
Zirbelstr. 57a, 86154 Augsburg
Telefon (0821) 416 034, Telefax (0821) 416 036
E-Mail: crook@maroverlag.de

ISBN 3-927350-75-3   Euro 29,90